BENTO XVI
O ÚLTIMO TESTAMENTO

BENTO XVI
O ÚLTIMO TESTAMENTO
Em suas próprias palavras

Uma conversa com
Peter Seewald

Tradução
Petê Rissatti

Revisão técnico-teológica e de linguagem
Pe. João Carlos Almeida, scj

Copyright © Verlagsgruppe Droemer Knaur GmbH CO.KG München, 2016
Copyright © Editora Planeta do Brasil, 2017
Todos os direitos reservados.
Título original: *Benedikt XVI – Letzte Gespräche mit Peter Seewald*
Esse livro foi negociado com a Ute Körner Leterary Agent, Barcelona –
www.uklitag.com

Revisão: Dan Duplat e Maria Aiko Nishijima
Diagramação: Futura
Imagens de miolo: Corbis / Alessandra Benedetti
Capa: Compañía
Imagem da capa: © Photo by Grzegorz Galazka/Archivio Grzegorz Galazka/Mondadori/Getty Images

CIP-BRASIL. CATALOGAÇÃO NA PUBLICAÇÃO
SINDICATO NACIONAL DOS EDITORES DE LIVROS, RJ

S455u
Seewald, Peter
    O último testamento / Peter Seewald; tradução Petê Rissati. -- 1. ed. – São Paulo: Planeta, 2017.

    Tradução de: Letzte gespräche
    ISBN: 978-85-422-0928-0

    1. Bento XVI, Papa, 1927 - Entrevistas 2. Papas - entrevistas. 3. Igreja Católica.. I. Rissati, Petê. II. Título.

17-39641   CDD: 282.092

CDU: 272-273.2

2017
Todos os direitos desta edição reservados à
EDITORA PLANETA DO BRASIL LTDA.
Rua Padre João Manuel, 100 – 21º andar
Ed. Horsa II – Cerqueira César
01411-000 – São Paulo-SP
www.planetadelivros.com.br
atendimento@editoraplaneta.com.br

"Crer nada mais é do que, na escuridão do mundo, tocar a mão de Deus e assim – no silêncio – escutar a Palavra, ver o Amor."

Bento XVI
no encerramento dos Exercícios Espirituais para a Cúria Romana,
antes do final de seu pontificado, 23 de fevereiro de 2013

SUMÁRIO

INTRODUÇÃO 11

PARTE I   Os sinos de Roma

1. DIAS SILENCIOSOS NA MATER ECCLESIAE 27
2. A RENÚNCIA 40
3. "NÃO ABANDONO A CRUZ" 54

PARTE II   História de um servo

4. CASA DOS PAIS E INFÂNCIA 69
5. GUERRA 86
6. ESTUDANTE, CAPELÃO, DOCENTE 95
7. NOVATO E ASTRO DA TEOLOGIA 130

8. CONCÍLIO VATICANO II: SONHO E TRAUMA 148

9. PROFESSOR E BISPO 174

10. PREFEITO 201

PARTE III O papa de Jesus

11. E, DE REPENTE, PONTÍFICE 215

12. ASPECTOS DO PONTIFICADO 224

13. VIAGENS E ENCONTROS 246

14. FALHAS E PROBLEMAS 257

15. RETROSPECTIVA 269

DADOS BIOGRÁFICOS 283

INTRODUÇÃO

Um verão e um inverno se passaram e, em 23 de maio de 2016, quando subi novamente o caminho íngreme até o convento Mater Ecclesiae, nos Jardins do Vaticano, temi que pudesse ser nossa última longa conversa.

Irmã Carmela abriu a porta, trajada dessa vez não com seu hábito, mas sim com um tailleur elegante. Na sala de recepção pendia uma imagem que retratava Santo Agostinho, o grande mestre espiritual que tanto significou para ele, pois desse santo se deve estudar a luta tão dramática, tão humana pela verdade da fé.

Em vez de sapatos vermelhos, Bento XVI calçava sandálias, como um monge. Poucas pessoas sabiam que ele havia ficado cego do olho esquerdo muitos anos antes, e nesse ínterim sua audição também diminuiu. O corpo estava bem mais magro, mas toda a sua aparência era suave como nunca antes. E era fascinante ver que o pensador sagaz, o filósofo de Deus, a primeira pessoa que pode chamar a si próprio de *Papa Emeritus*, prosseguia seu caminho, por onde o intelecto não basta, na direção do âmago da fé, em silêncio e em oração.

Encontrei o antigo cardeal-prefeito pela primeira vez em novembro de 1992. A revista do jornal *Süddeutsche Zeitung* queria publicar um perfil, e eu o assinaria. Na lista dos candidatos que lutavam por uma audiência com o cardeal mais famoso do mundo estavam os nomes de colegas do *The New York Times*, do *Pravda* e do *Le Figaro*. Eu não era considerado muito católico, mas quanto mais lidava com Joseph Ratzinger mais me impressionavam sua soberania, sua paixão, sua coragem de ir contra a maré com pensamentos anacrônicos. E, estranhamente, as análises não eram apenas empolgantes, mas também pareciam fazer algum sentido.

Observado com mais cuidado, o malquisto "*Panzerkardinal*", o cardeal-tanque de guerra, não incorporava nenhuma história de ontem, mas uma de amanhã: uma inteligência nova no reconhecimento e na declaração dos segredos da fé. Sua especialidade era poder desembaraçar coisas complicadas, enxergar para além da superficialidade. Ciência e religião, física e metafísica, pensamento e prece – Ratzinger juntou essas coisas para realmente chegar ao cerne de uma questão. Na beleza de sua retórica, elevava-se ainda mais a profundidade de seus pensamentos. "Teologia", explicou ele, "é a reflexão sobre o que nos foi previamente dito, previamente pensado por Deus". Para poder aceitar livremente, é necessário também ser um ouvinte. Para não impressionar apenas as pessoas, mas também levá-las a Deus, a palavra precisa de inspiração.

Como Karol Wojtyla, Joseph Ratzinger também sentiu as consequências de sistemas ateus em primeira mão. Quando criança, viu como os crucifixos sumiram das escolas; aos 17 anos, já soldado, como a loucura de criar o "novo homem" num mundo sem Deus terminou em terror e devastação apocalíptica. A tarefa de precisar defender o cristianismo contra a reavaliação de valores também no âmbito argumentativo foi definitiva para seu pensamento, para toda a sua obra. "Na fé de meus pais", disse ele, "tive a confirmação do catolicismo como bastião da verdade e da justiça contra aquele reino de ateísmo e mentira que representava o nazismo."

É um caminho dramático com vitórias e derrotas que conduz o homem altamente talentoso, que bem cedo se reconhece como um convocado, até a Cátedra de Pedro.

Pois é o aluno sensível que faz poemas em hexâmetros gregos e se entusiasma com Mozart. O aluno muito jovem que sonha, nas ruas bombardeadas de Munique, com um levante cristão. O aluno prodígio ávido por conhecimento, educado no pensamento progressista dos melhores teólogos de seu tempo, que se debruça sobre livros de Santo Agostinho, Kierkegaard e Newman. O capelão nada convencional que entusiasma os grupos de jovens. Mas também o aluno de pós-graduação arrasado, que de repente chega à beira do abismo em sua jovem carreira e ameaça fracassar.

O destino não quis assim. E, de repente, o professor ainda quase menino de um vilarejo na Baviera transforma-se na nova estrela no céu dos teólogos.

A palavra fresca, o acesso criativo ao Evangelho, a doutrina autêntica que incorpora lhe dão destaque. "Na teologia de um grande pensador", escreveu seu mentor de Munique, Gottlieb Söhngen, "conteúdo e forma do pensamento teológico determinam-se mutuamente numa unidade viva." Os auditórios onde Ratzinger faz conferências ficam lotados até as tampas. As transcrições de suas aulas são copiadas à mão milhares de vezes. Sua "Introdução ao Cristianismo" entusiasma em Cracóvia

Karol Wojtyla, em Paris a Académie des Sciences Morales et Politiques, uma das academias do Institut de France, do qual se tornará membro mais tarde.

Ratzinger não tem mais que 35 anos quando seus ímpetos trazem ao Concílio Vaticano II aquela abertura com a qual a Igreja entra na era moderna. Ninguém exceto este "adolescente da teologia", explica um agradecido João XXIII, conseguiu expressar melhor as intenções que o levaram a convocar o Concílio.

Enquanto os teólogos festejados como progressistas ajustam-se fundamentalmente às concepções pequeno-burguesas e em geral servem apenas ao *mainstream*, Ratzinger permanece desconfortável: como professor, como bispo de Munique, como prefeito da Congregação para a Doutrina da Fé, em Roma, que protege João Paulo II durante um quarto de século – e por isso aguenta muitas pancadas. O "verdadeiro problema neste momento da nossa história" é que, segundo seu alerta, "Deus possa desaparecer do horizonte do ser humano". Através do "apagar-se da luz vinda de Deus", recai sobre a humanidade uma falta de orientação, "cujos efeitos destrutivos se manifestam cada vez mais".

Ele não exclui sua Igreja da crítica. Já em 1958, fala em "desmundanização"[1]. Ela seria necessária para que a fé pudesse desenvolver seus agentes ativos. Seria preciso permanecermos resistentes, inconformados, para mostrarmos novamente e sem ostentação como existe uma visão de mundo ligada ao

---

1. A palavra *"Entweltlichung"* foi traduzida para o português no site oficial do Vaticano por "libertação da Igreja de formas de mundanidade", exatamente no discurso do papa emérito em que essa palavra causou estranhamento, em 25 de setembro de 2011, na Konzerthaus de Freiburg. Optamos por usar o neologismo "desmundanização", que já aparece em diversos documentos relacionados a esse discurso e à proposta de Bento XVI. (N.T.)

cristianismo que se estende sobre tudo o que está ligado a uma postura puramente mundana, materialista, inclusive com a revelação da vida eterna. Seria ingênuo dizer que havia apenas a necessidade de trocar de roupa e falar como todos falam e de repente tudo estaria em ordem. Seria necessário – muito mais necessário – reencontrar a anunciação autêntica e uma liturgia que trouxesse novamente luzes ao mistério da celebração da missa.

Imperdoável foi sua reclamação na Via-Sacra em Roma, em março de 2005. "Quanta sujeira há na Igreja", exclamou ele, "e exatamente entre aqueles, no sacerdócio, que deveriam pertencer completamente a Ele?"

O velho cardeal havia se transformado numa espécie de pedra angular, mas que ninguém queria ter como parâmetro. O próprio Ratzinger ansiava pela aposentadoria. Porém, poucos dias depois de sua exortação da Sexta-Feira da Paixão para a autorreflexão e a purificação, ele apareceu atrás da cortina da sacada aberta na Basílica de São Pedro como o 265º sucessor do primeiro dos apóstolos diante de uma multidão exultante. Seria o "pequeno papa", um mero trabalhador na vinha do Senhor, que sucede o grande Karol Wojtyla, e se apresenta diante de 1,2 bilhão de católicos em todo o mundo – e sabe o que deve fazer.

Os verdadeiros problemas da Igreja, assim deixa bem claro o novo pontífice, não estão na diminuição de seus membros e das vocações, mas na diminuição da fé. Seria a extinção da consciência cristã que traria a crise, a indiferença na oração e na vida, a negligência da missão evangelizadora. Para ele, a verdadeira reforma é uma questão de despertar interiormente, de ter um coração ardente. A prioridade absoluta é o anúncio daquilo que se pode saber e acreditar com certeza em Cristo. Trata-se de "manter a palavra de Deus em sua grandeza e pureza – contra todas as tentativas de adaptação e diluição".

Por muitos anos, o pontificado do alemão registra o aplauso unânime. Nunca antes tantas pessoas participaram de audiências com o papa. As encíclicas de Bento, *Deus caritas est*, *Spe salvi* e *Caritas in veritate*, alcançaram números de circulação astronômicos. A essa altura, muitos de seus livros tornaram-se clássicos, seus discursos garantiam as manchetes para as primeiras páginas da imprensa internacional. Somente o fato de ter conseguido, depois do longo e emocionante pontificado de Wojtyla, realizar a transição sem qualquer ruptura, já seria suficiente para classificar como único esse feito.

Mas aquele senhor de 78 anos não é apenas o papa que ajudou a criar o Concílio, é também aquele que encarna o sonho conciliar. Sobriedade, diálogo, foco no essencial marcavam o novo estilo que se estabelece no Vaticano. A complexidade litúrgica é reduzida, os sínodos dos bispos abreviados, mas garantida a colegialidade pela prática do diálogo.

Bento XVI trabalha no silêncio, inclusive em questões que foram deixadas para trás por seus predecessores. Recusa o sensacionalismo. Em silêncio, abole o beija-mão, substitui a poderosa coroa papal no brasão por uma mitra de bispo. Contudo, em respeito à tradição, também assume hábitos que não fazem muito seu estilo. Ele não é o chefe, o objeto de culto da Igreja que avança. Fica apenas no lugar de outro, o único que se deve amar e em que se deve acreditar, Jesus Cristo, a Palavra de Deus que se fez homem.

Depois de João Paulo II, Bento XVI se torna o segundo sucessor de Pedro a falar numa mesquita. Mas o pontífice alemão é o primeiro papa a participar de um culto protestante. Foi um ato histórico sem precedentes para um líder da Igreja Católica visitar um dos gabinetes de trabalho de Lutero. Nomeia um protestante como presidente da Academia de Ciências do

Vaticano, o que também é uma novidade, e leva um muçulmano para ser professor na Pontifícia Universidade Gregoriana. Ao mesmo tempo, por meio de sua potência teológica e intelectual, eleva o papado a um nível que torna a Igreja Católica atraente para quem até então apenas observava de fora. Especialmente por três ciclos de temas de conteúdo forte – como o Ano Paulino, o Ano Sacerdotal e o Ano da Fé. É um ato de abertura, de liberdade, e não um retrocesso, o fato de ele ter permitido aos sacerdotes, com a promulgação da *Summorum Pontificum*, celebrar a forma de missa tridentina válida por séculos sem antes precisar pedir a autorização de um bispo.

Bento XVI não acertou em tudo. E sem dúvida o pontificado não conseguiu esgotar o potencial que havia na pessoa desse papa. Com frequência, o comportamento dos irmãos do episcopado e de parte do aparato do Vaticano parecia de recusa. Auxílios negados não eram novidade. Bento aceitou esse fato de forma humilde. Aguentou até mesmo os traidores, à semelhança de seu Senhor. Mas era realmente o pontífice fraco que seus opositores tentaram apresentar após sua renúncia?

As inúmeras matérias de capa e reportagens recaíam sobre Ratzinger como tiros de metralhadora. Ao ser questionado, o atingido dizia: "Quando um papa recebe apenas aplausos o tempo todo, precisa se perguntar se fez algo de errado". Mas, de fato, as pancadas ininterruptas contra o papa vindas dos principais veículos de imprensa que queriam impor sua visão foram um dos grandes fardos de seu pontificado, pois não lhes importava verificar se as acusações eram justificadas.

Eis um elenco dos "escândalos" mais inflacionados: uma sentença explorada até hoje é que, revogando a excomunhão do bispo Richard Williamson, da Fraternidade São Pio X, o papa teria "reintegrado na Igreja Católica alguém que nega o

Holocausto". Realmente, em janeiro de 2009, essa notícia trouxe uma reviravolta em um trabalho até então considerado extremamente positivo pela opinião pública de forma geral. Trata-se, porém, de uma falsa interpretação. O fato é que Williamson era um anglicano convertido. Não foi reconhecido como bispo por Roma; tampouco a irmandade, separada de Roma, foi reabilitada.

O tema judaico-cristão estava entre as principais preocupações do coração de Ratzinger. Sem ele, segundo Israel Singer, secretário-geral de 2001 a 2007 do Congresso Sionista Mundial, não teria sido possível a virada histórica decisiva da Igreja Católica na relação com o judaísmo que encerrou definitivamente a antiga postura de 2 mil anos. Com Bento XVI, resume Maram Stern, vice-presidente do Congresso Sionista Mundial, essa relação foi melhor "do que em qualquer momento anterior na história".

No que tange ao escândalo de abuso sexual por sacerdotes e religiosos, há de fato um número grande de omissões e erros, principalmente pelos órgãos competentes nos respectivos países. Mas há muito também se reconheceu que, sem a gestão por Bento XVI de uma das maiores crises na história da Igreja Católica, danos ainda maiores teriam ocorrido. Já como prefeito, Ratzinger havia introduzido medidas para esclarecer de forma sistemática os casos e punir os criminosos. No cargo de papa, exonerou cerca de 400 sacerdotes e definiu diretrizes canônicas para processar bispos e cardeais que se negassem a realizar trabalhos de esclarecimento.

E os assuntos do *Vatileaks*? Não se deve subestimar esse caso. Por trás das cortinas escondem-se graves problemas que tocam lideranças de altos níveis da Igreja Católica em todo o mundo. Porém, da suposta "conspiração no Vaticano" restou no final pouco mais que o roubo de papéis por um camareiro doente. Com relação ao controverso banco do Vaticano, o IOR (Instituto para as Obras de Religião), Bento encomendou uma auditoria abrangente e promoveu uma reorganização administrativa. Ordenou especialmente uma investigação de todas as circunstâncias. O relatório da comissão sobre esse assunto está sob sigilo. No entanto, as conclusões são muito menos dramáticas do que se imaginava.

Os seguidores de Bento sentem falta de tudo isso: de seu discurso brilhante, capaz de refrescar a mente e aquecer o coração; da riqueza de sua fala, da honestidade na análise, da paciência infinita para escutar, da nobreza na forma, que ele incorporava como quase nenhum outro homem de Igreja. Claro que, também, de seu sorriso tímido, de seus movimentos quase sempre um pouco desajeitados, quando caminhava até um púlpito como Charles Chaplin. Principalmente de sua insistência na razão, que, como garantia da fé, impede que a religião deslize para fantasias insanas e para o fanatismo. Em especial, de sua modernidade, que muitos não conseguiram ou não quiseram reconhecer. Ele se manteve fiel a ela, inclusive na disposição para fazer coisas que ninguém havia feito antes.

Em toda a plenitude de escritos, pregações, meditações, correspondência – dele há 30 mil cartas apenas até sua nomeação como bispo –, Joseph Ratzinger nunca desenvolveu uma doutrina própria. Como teólogo, assumiu o que já existia, reconheceu o essencial, colocou-o no contexto do nosso tempo e o expressou de um modo novo a fim de salvar a mensagem do Evangelho e o conhecimento da história do cristianismo para as gerações posteriores. Pelo significado que ele atribuía à Igreja dessa maneira, é compreensível a sua luta também para que essa Igreja permaneça como uma cápsula que viaja no tempo, uma arca de Noé para a promoção de um mundo melhor. Isso que ele costuma chamar de "radicalidade escatológica da revolução cristã".

Sua obra em três volumes sobre Jesus Cristo torna seu pontificado único. Bento XVI criou com isso parâmetros, um *vade mecum* imprescindível, para a teologia, a catequese e a formação sacerdotal futuras. Em poucas palavras: o fundamento da doutrina da fé para o Terceiro Milênio. Não sobre a "cátedra universitária", mas sobre a Cátedra de Pedro, ela pode fechar este círculo. E nenhum outro tinha a mesma formação, biografia, força e inspiração para purificar com escrúpulo científico e realismo místico a imagem de Jesus, desfigurada até o ponto de tornar-se irreconhecível, e torná-la novamente acessível à humanidade.

O historiador inglês Peter Watson chama Bento XVI, ao lado de [Gotthold Ephraim] Lessing, Kant e Beethoven, de último representante da "genialidade alemã". Para Mario Vargas Llosa, escritor peruano laureado com o Prêmio Nobel de Literatura, é um dos intelectuais mais importantes da atualidade, cujas "reflexões novas e perspicazes" dariam resposta aos problemas morais, culturais e existenciais de nosso tempo. A história julgará qual importância se atribuirá a esse papa para além do presente. No entanto, é possível dar por certa uma coisa: Joseph Ratzinger ficou mais de três décadas entre os líderes da maior e mais antiga instituição do mundo. Com suas contribuições para o Concílio, a redescoberta dos Santos Padres, a revitalização da doutrina e o fortalecimento da Igreja, ele não foi simplesmente um renovador da fé, mas, como teólogo na Cátedra de Pedro, um dos papas mais importantes, um Doutor da Igreja da era moderna que, como ele, nunca mais haverá. O gesto histórico de sua renúncia mudou radicalmente o ministério petrino, restituindo a dimensão espiritual das origens.

INTRODUÇÃO

Com Bento XVI terminou uma época, talvez até uma era, um daqueles períodos que marcam as grandes reviravoltas na história com ritmo milenário. Os oito anos de seu pontificado foram como os grandes Exercícios Espirituais de que a Igreja Católica precisava para solidificar o castelo interior e fortalecer a sua alma. Visto dessa forma, o último papa de uma época em ocaso construiu as pontes para a vinda do novo – seja lá como ele possa se efetivar. Bento XVI, assim, resumido por seu sucessor, teria sido "um grande papa": "Grande pela força e pela perspicácia de sua inteligência, grande por sua relevante contribuição para a teologia, grande por seu amor à Igreja e às pessoas, grande por suas virtudes e sua religiosidade". Seu espírito, segundo Francisco, "se manifestará de geração em geração, cada vez maior e mais poderoso".

As entrevistas a seguir foram conduzidas pouco antes e depois da renúncia de Bento como conversas preliminares para o trabalho de uma biografia e permitem lançar um olhar sobre uma das personalidades mais fascinantes de nosso tempo. O texto foi lido pelo papa emérito e aprovado e autorizado para esta edição. Que este livro seja uma pequena contribuição para corrigir imagens falsas, trazer luz à escuridão, especialmente às circunstâncias de sua renúncia, que deixou o mundo desconcertado. O objetivo é compreender melhor o homem Joseph Ratzinger e o pastor Bento XVI, conhecer a sua santidade e, acima de tudo, manter aberto o acesso à sua obra, que guarda um tesouro para o futuro.

Peter Seewald

OBSERVAÇÃO: durante todo o texto, as notas sem identificação ao seu final serão notas do entrevistador, Peter Seewald. As demais notas serão identificadas com N.T. (nota do tradutor), N.R. (nota do revisor técnico) e N.E. (nota da editora).

PARTE I
Os sinos de Roma

1. Dias silenciosos na Mater Ecclesiae

Papa Bento, como Santo Padre o senhor foi aclamado por milhões, viveu num palácio, recebeu os grandes nomes mundiais. O senhor sente falta de alguma coisa?

Não, de jeito nenhum! Ao contrário, agradeço a Deus que não pesa mais sobre mim essa responsabilidade que não tinha mais condições de suportar. Agradeço porque agora estou livre para percorrer diária e humildemente o caminho com Ele, para viver entre amigos e receber suas visitas.

De um dia para o outro o senhor ficou totalmente privado de poder, quase preso por trás dos muros do Vaticano. Como é isso?

O "poder", de qualquer forma, eu nunca percebi como se fosse uma força minha, mas sempre como responsabilidade, algo pesado e fatigante. Algo que faz a pessoa se questionar todos os dias: eu dou conta? No caso da aclamação das massas, sempre soube que as pessoas não festejavam aquele pobre homenzinho lá, mas sim aquele que eu representava. Por isso não achei difícil renunciar a isso.

O senhor falou, já no início, que seu pontificado poderia ser curto, pensando em sua idade, em suas condições de saúde.

Sim, eu sabia que não teria tanta força.

Mas seu pontificado acabou durando oito anos; o senhor foi mais longe que muitos de seus predecessores. Pergunto em primeiro lugar: a sua percepção não poderia influenciar seu programa de governo?

Isso é claro. Eu não podia abordar nada que fosse de longo prazo. Algo assim deve ser feito quando se tem tempo pela frente. Eu tinha a consciência de que minha missão era de outro tipo, que eu precisaria tentar principalmente mostrar o que significava a fé no mundo de hoje, enfatizar a centralidade da fé em Deus e dar aos seres humanos a coragem de acreditar, coragem para vivê-la concretamente neste mundo. Fé e razão são os valores nos quais reconheci a minha missão e para os quais a duração do pontificado não era importante.

Houve algum momento em que o senhor pediu a Deus: "Tire-me daqui; não suporto mais; não quero mais"?

Não dessa forma, não. Digo que pedi ao amado Deus, pensando especialmente no caso Williamson[1], que me tirasse daquela

---

1. O bispo lefebvriano excomungado *latae sententiae* em 1988, do qual se fala no capítulo 14. (N.T.)

situação e me ajudasse, isso sim. Mas eu sabia que Ele havia me posto naquele lugar, então Ele também não me deixaria cair.

O senhor nunca pensou em se livrar de todo o peso de uma vez? Não estar sempre a serviço, com obrigações infinitas, todas as banalidades de um cargo que oprimem a pessoa? Ser simplesmente um ser humano.

Já, claro que já, óbvio. Sempre dizia isso ao papa, principalmente quando eu era cardeal-prefeito. Mas João Paulo II dizia: "Não, o senhor vai continuar!".

Então, também não foi uma questão para o senhor se deveria ou não aceitar a eleição?

Na verdade, essa foi uma questão muito séria para mim. Mas me impressionou que, no pré-conclave, muitos cardeais haviam praticamente combinado em quem votar antecipadamente, e essa pessoa deveria – mesmo que não se sentisse à altura de carregar a cruz – se curvar ao voto da maioria de dois-terços e ver nele um sinal. Esse seria um dever interno para ele. Isso foi trabalhado com tanta seriedade e grandeza que eu acreditei no seguinte: se realmente a maioria dos cardeais proferiu esse voto, esse é um voto vindo do Senhor, e por isso eu tinha o dever de aceitá-lo.

Nunca houve um momento em que o senhor disse para si mesmo: talvez eu tenha sido a escolha errada?

Não. Os cardeais escolhem uma pessoa e essa pessoa cumpre as suas tarefas. E o que conta não é a opinião dos jornalistas, mas o vontade do bom Deus.

O senhor tinha um grande desejo de poder viver em contemplação e prece. Agora consegue viver assim?

Não muito. Primeiro porque, do ponto de vista psíquico, isso não é mais possível, pois intimamente não tenho a mesma força para me dedicar de forma contínua às coisas religiosas e espirituais, mas também do ponto de vista externo, pois as visitas chegam. Também acho bom por estar em intercâmbio com as pessoas que hoje conduzem a Igreja ou que têm um papel na minha vida, e, por assim dizer, permaneço ancorado nas coisas humanas. Por outro lado, há a força física faltante que não me permite permanecer naquilo que poderíamos chamar de regiões altas do espírito. Nesse sentido, é um desejo não realizado. Mas é verdade, porém, que tenho muito mais liberdade interior e isso tem um grande valor.

O senhor ainda vai escrever alguma coisa?

Não! Não, não. Depois do Natal eu sabia que era chegada a hora do *Nunc dimittis*: havia completado a minha obra.[2]

Existem diários ou cadernos de anotações?

Diários não, mas em intervalos regulares anotei reflexões que tenho a intenção de jogar fora.

---

2. *Nunc dimittis* são as palavras iniciais do Cântico de Simeão. Vem do relato bíblico da apresentação do Senhor no Templo de Jerusalém (Lucas 2, 29-31). O velho Simeão reconhece Jesus Cristo como o Messias aguardado, louva a Deus e, a partir daí, sente-se pronto para a morte: "Agora, meu Senhor, segundo a tua promessa, deixa teu servo ir em paz, porque meus olhos viram a tua salvação, que preparaste diante de todos os povos...".

Por quê?

(*Sorri.*) Porque são muito pessoais.

Mas isso seria...

Um prato cheio para os historiadores.

O senhor deixou uma vasta obra teológica, como nenhum papa antes. Seus livros alcançaram milhões de cópias vendidas. Não é terrivelmente difícil para o senhor não escrever mais?

De jeito nenhum. Escrevo toda semana minhas pregações para o domingo. Nesse sentido, tenho um trabalho intelectual a fazer, encontrar uma exegese. Mas também não poderia escrever mais. Por trás da escrita precisaria haver um trabalho metódico, e para mim seria simplesmente muito cansativo.

O senhor escreve pregações para quatro, cinco pessoas?

Por que não? (*Riso.*) Sim! Sejam três, sejam vinte ou mil, a Palavra de Deus sempre deve chegar às pessoas.

Há coisas que o senhor ainda precisa necessariamente fazer?

Não no sentido de que eu gostaria de deixar mais alguma coisa para a humanidade, mas sim no sentido de continuar meus serviços por meio da oração.

E a herança?

Depois de já ter feito testamento diversas vezes, agora fiz o definitivo.

Um testamento teológico?

Não, não. (*Riso*.) Não, referente ao que tenho de material e vou deixar.

Como é a meditação de um Papa Emeritus? *Alguns exercícios espirituais hoje são de sua preferência e mais preciosos para o senhor?*

Bem, agora eu consigo rezar o breviário de forma profunda e lenta e, com isso, aprofundar a intimidade com os salmos, com os Padres da Igreja. E todo domingo eu realizo, como já comentei, uma pequena homilia. Então, deixo meus pensamentos voltados um pouco para ela durante toda a semana para que amadureçam bem lentamente, para que eu consiga pontuar um texto em todas as suas facetas. O que ele me diz? O que ele diz às pessoas aqui no mosteiro? Esta é realmente uma novidade, se é que eu posso dizer isso, que possa me dedicar com mais calma ainda a rezar os salmos, possa me familiarizar cada vez mais com eles. E que dessa forma os textos da liturgia, principalmente os do domingo, me acompanhem por toda a semana.

O senhor tem uma prece favorita?

Há algumas. Existe uma de Santo Inácio: "Tomai, Senhor, e recebei toda a minha liberdade..." E uma de São Francisco Xavier: "Eu não Te amo porque podes me enviar ao inferno ou ao paraíso, mas porque Tu és Tu". Ou a de São Nicolau de Flüe: "Tomai-me como sou...". E gosto especialmente – gostaria de ter visto no *Gottesloh*³, mas me esqueci de propor – da "Oração Universal" de São Pedro Canísio, do século XVI, mas ainda bela e atual.⁴

Seu lugar espiritual preferido?

---

3. Livro de cânticos e orações autorizado pela diocese católica na Alemanha, Áustria e Tirol do Sul, publicado como tal pela primeira vez em 1975 e utilizado até os dias de hoje. (N.T.)

4. A "Oração Universal" de São Pedro Canísio, o "segundo apóstolo da Alemanha": "Todo-Poderoso, Deus eterno, Senhor, Pai Celestial! Olhai com os olhos de Vossa misericórdia infinita nossos lamentos, misérias e necessidades. Tende compaixão de todos os cristãos, pelos quais Vosso filho, nosso amado Senhor e Salvador, Jesus Cristo, chegou voluntariamente às mãos dos pecadores e derramou seu sangue precioso na haste da Santa Cruz. Por esse Senhor Jesus, afastai, Pai misericordioso, as punições bem-merecidas, perigos presentes e futuros, a insurgência danosa, os preparativos de guerra, a escassez, doenças, tempos aflitos, miseráveis. Iluminai também e fortalecei em toda a bondade líderes e regentes espirituais e mundanos para que promovam tudo o que possa fazer prosperar Vossa honra divina, nossa salvação, a paz comum e o bem-estar de toda a cristandade. Concedei-nos, ó Deus da Paz, uma unidade verdadeira na fé, sem toda a divisão e a separação; convertei nosso coração ao arrependimento genuíno e à melhoria de nossa vida; acendei em nós o fogo de Vosso amor; dai-nos fome e ânsia por toda a justiça, para que nós, como filhos obedientes, Vos agradeçamos e sejamos serenos na vida e na morte. Rogamos também, conforme a Vossa vontade, ó Deus, pelos nossos amigos e inimigos, pelos sãos e pelos doentes, por todos os cristãos em agonia e na pobreza, pelos vivos e pelos mortos. A Vós, ó Senhor, confiamos todos os nossos atos, nossos feitos e nossos tratos, nossa vida e nossa morte. Permiti-nos desfrutar de Vossa graça aqui e conseguir lá, com todos os escolhidos, na paz e felicidade eternas, louvar-Vos, honrar-Vos e exaltar-Vos! Concedei-nos, ó Senhor, Pai Celestial! Por Jesus Cristo, Vosso amado filho, que convosco e o Espírito Santo vive e rege como Deus único para todo o sempre. Amém".

Eu diria que, naturalmente, é Altötting [com seu antigo santuário mariano].⁵

O ponto central de suas reflexões sempre foi o encontro pessoal com Cristo. Como se dá isso agora? Quanto o senhor se aproximou de Jesus?

(*Suspira profundamente.*) Claro que depende da situação, mas na liturgia, na oração, nas meditações para a pregação dominical eu O vejo bem diante de mim. Naturalmente, Ele é sempre grande e misterioso. Muitas palavras dos Evangelhos agora, em sua grandeza e em sua importância, sinto muito mais difíceis que no passado. Recordo um episódio de meu tempo como capelão. Um dia, Romano Guardini participou como convidado, em uma igreja evangélica vizinha à nossa, de uma conferência e disse ao pastor: "Na velhice, nada fica mais leve, mas mais pesado". Na época, essa questão emocionava e tocava muito meu pároco de então. Mas existe algo de verdadeiro nessa frase. Por um lado, por assim dizer, ficamos mais experimentados. A vida já assumiu a sua forma. Já tomamos as decisões fundamentais. Por outro lado, sentimos muito mais a gravidade dos problemas, inclusive a pressão da falta de Deus hoje, a pressão da ausência de uma fé mais profunda na Igreja e também a grandiosidade das palavras de Jesus Cristo, que, mais do que antes, ficam reféns de diversas interpretações.

---

5. Cidade bávara e importante destino de peregrinação alemão, que Bento XVI visitava com os pais quando criança. Em 2006, em viagem apostólica de seis dias pelo sul da Alemanha, Joseph Ratzinger visitou não apenas o santuário da Virgem Maria em Altötting, mas também passou por Marktl am Inn, sua cidade natal. (N.T.)

Isso tem a ver com uma perda na proximidade com Deus? Ou com uma dúvida?

Dúvida não, mas as pessoas sentem o quanto estão distantes da grandeza do mistério. Naturalmente, abrem-se novas perspectivas e formas de mergulhar nesse mistério e compreendê-lo. Vejo isso como muito tocante e consolador. Mas também se percebe que a Palavra jamais é esgotada em todos os seus significados. E exatamente muitas palavras que exprimem ira, reprovação, ameaça do juízo, tornam-se mais inquietantes, violentas e maiores que antes.

As pessoas imaginam que o papa, o vigário de Cristo na Terra, deve ter um relacionamento particularmente estreito, íntimo com o Senhor.

Sim, deveria ser assim, e também não tenho a sensação de que Ele esteja tão longe. No meu íntimo, sempre consigo conversar com Ele. Mas, apesar disso, sou apenas um ser humano pequeno, mísero, que nem sempre consegue alcançá-Lo.

Existem também as "noites escuras" das quais muitos santos falam?

Não tão intensas. Talvez eu também não seja santo o suficiente para chegar tão profundamente à escuridão. Mas existem momentos em que acontecem coisas do âmbito humano que nos fazem questionar: "Como Deus pode permitir tais coisas?". Aí é preciso se ater com firmeza à fé de que Ele sabe o que faz.

Já houve alguma vez em sua vida essas "noites escuras"?

Digamos que não totalmente escurecidas, mas a dificuldade em entender como isso acontece justamente com a existência de Deus, a pergunta por que há tanto mal e assim por diante, como isso pode ser compatível com ser Todo-Poderoso, com Sua Misericórdia, isso sempre assola uma pessoa, dependendo da situação.

Como se lida com esses problemas de fé?

Primeiramente não abandonando a certeza de fundo da fé e permanecendo, por assim dizer, imerso nela. E sabendo que, quando não compreendo algo, não é porque seja errado, mas porque sou pequeno demais para compreender. Em muitos momentos também chegamos aos poucos. Sempre é um dom quando alguém de repente vê algo que antes não via. Percebe-se que é necessário ser humilde, que, quando alguém não compreende as palavras da Escritura, é preciso esperar até que o Senhor as revele.

E Ele as revela?

Nem sempre. Mas o fato de esses momentos de revelação existirem me mostra a magnitude dessa experiência.

Um Papa Emeritus *também tem medo da morte? Ou ao menos medo de morrer?*

Em certo sentido, sim. Em primeiro lugar, o temor de ser um fardo para as pessoas por um longo período de invalidez.

Eu ficaria muito triste com essa situação. Também meu pai sempre teve medo, mas disso ele foi poupado. Em segundo lugar, apesar de toda a confiança que tenho, em que o amado Deus não pode me abandonar; quanto mais perto se aproxima a hora de contemplar a Sua face, mais forte percebemos quanto erramos. Por isso, existe a pressão da culpa, embora a confiança fundamental sempre esteja lá, naturalmente.

O que oprime o senhor?

Bem... não ter feito o suficiente para os outros em vários momentos, não os ter tratado bem. Ah, são tantos detalhes, não são grandes coisas, graças a Deus, mas há muitas situações em que se deve dizer que seria possível ou necessário ter feito melhor. Há situações em que não se é totalmente justo com as pessoas, com as questões.

Se o senhor estivesse diante do Todo-Poderoso, o que diria para Ele?

Pediria que fosse indulgente com a miséria.

A pessoa que crê confia em que a "vida eterna" será uma vida plena.

Isso com certeza! Pois terá verdadeiramente chegado a casa.

O que o senhor espera?

Existem vários níveis. Primeiro um mais teológico. Aqui nos causa grande consolo e provocam reflexão as palavras de Santo

Agostinho. Ao comentar as palavras do salmo [104] "Buscai sempre Sua face" ele diz: esse "sempre" equivale à eternidade. Deus é tão grande que nunca terminamos de conhecê-lo. É sempre novo. Há um movimento perpétuo, infinito, de novas descobertas e de nova alegria. Essas são reflexões teológicas. Ao mesmo tempo, há o lado totalmente humano, com o qual eu me alegro, por estar de novo ao lado de meus pais, meus irmãos, meus amigos e imaginar que será muito bonito, como foi em nossa casa.

Escatologia, a doutrina das "últimas coisas" – morte, purgatório, o advento de um mundo novo – é um tema fundamental para o senhor. Como já disse, o livro que escreveu sobre o tema é o mais bem elaborado, na sua opinião. Hoje, que está pessoalmente diante dessas questões escatológicas, consegue tirar proveito de sua teologia?

Com certeza. Inclusive, exatamente no que pensei sobre o purgatório, sobre a natureza da dor, o seu significado, e mesmo sobre o caráter comunitário das Bem-Aventuranças, sobre o fato de, por assim dizer, a pessoa mergulhar no grande oceano de alegria e amor, para mim isso é muito importante.

O senhor se veria como um iluminado?

Não, não! (*Riso.*) Não.

Mas a iluminação, ao lado da santidade, não é por definição um objetivo da vida cristã-católica?

Bem, o conceito de "iluminado" tem em si algo de elitista. Sou um cristão totalmente normal. Naturalmente a nossa tarefa é reconhecer a verdade que é uma luz. E uma pessoa simples também é iluminada em virtude da fé, pois ela vê o que as outras, apesar de todo o conhecimento, não percebem. Nesse sentido, a fé é iluminação. Os gregos chamam o batismo de *Photismus*, iluminação, o ir-à-luz, ganhar a visão. Meus olhos se abrem. Vejo essa dimensão totalmente distinta, que não posso perceber apenas com os olhos do corpo.

2. A renúncia

Chegamos àquela decisão que, por si só, faz com que seu pontificado já pareça histórico. Sua renúncia marca a primeira vez na história da Igreja em que um pontífice em pleno exercício da função deixa voluntariamente o cargo. Com esse ato revolucionário, o senhor mudou o papado de forma mais radical que nenhum outro papa da era moderna. A instituição se tornou mais moderna, em certo sentido também mais humana, mais próxima de sua origem petrina. Já em 2010, o senhor declarou em seu livro Luz do mundo[1]: *"Se um papa não estiver em condições físicas ou psíquicas de exercer seu mandato, ele tem o direito, e às vezes até mesmo a obrigação, de abdicar de sua tarefa". Ainda assim, houve forte conflito interior para chegar a essa decisão?*

---

1. *Luz do mundo* – O papa, a Igreja e os sinais dos tempos. Trad. de Paulo F. Valerio. São Paulo: Paulinas, 2011. (N.T.)

2. A RENÚNCIA

(*Suspira profundamente.*) Claro, não é tão simples, naturalmente. Nenhum papa renunciou nestes mil anos, e isso também foi uma exceção no primeiro milênio: então é uma decisão à qual não se chega com facilidade e sobre a qual sempre é necessário refletir. Por outro lado, para mim, a evidência de fazê-lo na época era tão grande que não houve nenhum conflito interior doloroso naquele momento. A consciência da responsabilidade e da gravidade dessa escolha, que exige um discernimento contínuo e escrupuloso, também diante de Deus e de si mesmo, isso sim, mas não que tenha quase me deixado, por assim dizer, em frangalhos.

O senhor imaginava que sua decisão poderia provocar decepção e até mesmo desconforto?

Talvez o impacto tenha sido mais forte do que eu havia pensado; na época, até mesmo amigos, pessoas que haviam se apoiado, por assim dizer, na minha mensagem, para quem ela era importante e viam em mim um líder, ficaram realmente perturbadas por um momento e se sentiram abandonadas.

O senhor chegou a calcular o choque?

Sim, eu precisei aceitá-lo.

Deve ter custado um esforço incrível.

Nesses momentos, sempre temos ajuda. Mas para mim também ficou claro que eu precisava fazer aquilo e que aquele era o momento certo. As pessoas à época também aceitaram a decisão. Muitas ficam gratas porque agora o novo papa se aproxima delas com um novo estilo. Outros ainda podem lamentar um pouco, mas também ficaram gratas nesse meio-tempo. Sabem que minha hora passou e que já dei o que podia dar.

Quando o senhor chegou à decisão?

Diria que foi nas férias de verão, em meados de 2012.

Em agosto?

Sim, mais ou menos.

O senhor estava deprimido?

Não, deprimido não, mas não estava muito bem. Aquela viagem para o México e Cuba havia exigido demais de mim. O médico também havia me dito o seguinte: "O senhor não pode mais atravessar o Atlântico". Segundo o calendário, a Jornada Mundial da Juventude deveria acontecer no Rio de Janeiro já em 2014, mas por conta da Copa do Mundo foi antecipada em um ano. Para mim ficou claro que deveria renunciar a tempo de o novo papa se preparar para o Rio. Assim, depois da viagem para México e Cuba, a ideia aos poucos amadureceu. Do contrário, eu teria tentado aguentar até 2014. Mas ali eu já sabia que não conseguiria mais.

Como se consegue tomar uma decisão de tanta importância sem falar sobre isso com ninguém?

Com o bom Deus se fala em abundância.

Seu irmão estava a par?

Sim, ainda que não imediatamente.

Até pouco antes do anúncio, apenas quatro pessoas sabiam. Houve um motivo?

Sim, naturalmente, pois no momento em que as pessoas soubessem minha missão perderia o valor, porque a autoridade ruiria. Era importante que eu também pudesse cumprir meu mandato até a data prevista e cumprisse até o fim o meu serviço.

O senhor tinha medo de que alguém ainda o dissuadisse desse passo?

Não (*sorriso divertido*), digo, até houve quem tentasse, mas não tive medo, pois tinha a certeza íntima de que eu precisava fazer isso, e dessa forma ninguém consegue dissuadir uma pessoa.

Quando e por quem foi escrita a declaração de renúncia?

Por mim. Não posso dizer exatamente quando, mas a escrevi no máximo duas semanas antes.

Por que em latim?

Porque algo tão importante assim se faz em latim. Além disso, o latim é uma língua que domino bem, de modo que conseguiria escrever de forma decente. Poderia, obviamente, também escrever em italiano, claro, mas com o risco de deixar passar algum erro.

Originalmente, o senhor quis renunciar já em dezembro, mas depois se decidiu pelo dia 11 de fevereiro, Segunda-Feira das Rosas[2], festa de Nossa Senhora de Lourdes. Tem um significado simbólico?

De que era Segunda-Feira das Rosas, eu não estava ciente. E isso acabou causando alvoroço na Alemanha. O que eu sabia é que era, sim, o dia de Nossa Senhora de Lourdes, e a festa de Santa Bernadete de Lourdes é, por sua vez, no meu aniversário. Nesse sentido há ligações, e pareceu-me certo fazê-lo naquele dia.

Ou seja, a escolha da data tem...

... um sentido interior, sim.

Qual a lembrança que o senhor tem desse dia histórico? Podemos supor que não dormiu muito bem na noite anterior.

Mas também não dormi muito mal. Para a opinião pública, foi naturalmente um passo novo e estrondoso, como se viu. Eu, ao contrário, já havia superado o conflito interior e chegado àquela decisão. Por isso não foi um dia de grande sofrimento para mim.

---

2. "Segunda-Feira das Rosas", em alemão *"Rosenmontag"* é o nome dado em países de língua alemã a uma festa que tem lugar na segunda-feira que antecede a Quarta-Feira de Cinzas. (N.R.)

2. A RENÚNCIA

Foi uma manhã como todas as outras, tudo aconteceu exatamente no mesmo ritmo?

Eu diria que sim.

As mesmas orações...

As mesmas preces, obviamente algumas mais intensas para essa hora, isso sim.

Não acordou mais cedo, não tomou café da manhã mais tarde?

Não, não.

Cerca de setenta cardeais estavam sentados em forma de "u" naquele salão gigante com o belo nome de Sala del Concistoro. Era um consistório marcado para o anúncio de diversas canonizações. Quando o senhor entrou no salão, ninguém podia esperar o que aconteceria.

Havíamos planejado algumas canonizações, sim.

O choque começou quando o senhor começou a falar em latim: "Caros senhores cardeais, eu não os convoquei apenas para participarem das canonizações, mas tenho outro assunto importante a anunciar". Todos já ficaram confusos. Quando o senhor apresentou sua declaração, alguns rostos pareciam petrificados, outros incrédulos, perplexos, chocados. Apenas quando o decano dos cardeais, Angelo Sodano, tomou a palavra, ficou claro o que estava acontecendo. Alguém lhe dirigiu imediatamente a palavra para fazer alguma pergunta?

(*Riso.*) Não, não seria nem ao menos possível. Depois do consistório, o papa sai solenemente da sala, ninguém lhe faz perguntas. Nesse caso, o papa é soberano.

O que passou pela cabeça do senhor nesse dia, um dia que fez história?

Obviamente a pergunta: o que a humanidade dirá, como eu ficarei lá? Obviamente foi um dia muito triste em minha casa. Também me pus diante do Senhor de um jeito especial durante o dia. Mas nada de específico.

Na declaração de renúncia, o senhor aponta como motivo para a renúncia o declínio de suas forças. Mas a diminuição do vigor físico é motivo suficiente para deixar a Cátedra de Pedro?

Claro que é possível levantar a suspeita de que seria um equívoco funcionalista. O sucessor de Pedro não é ligado apenas a uma função, mas se enraíza no próprio ser. Nesse sentido a função não é o único critério. Por outro lado, o papa também precisa fazer coisas concretas, precisa ter sob controle determinadas situações, deve estabelecer prioridades e assim por diante. Começa com visita dos chefes de Estado, visita dos bispos, com os quais deve poder travar realmente uma conversa mais próxima – até as decisões que devem ser tomadas no dia a dia. Mesmo quando se diz que sempre é possível cancelar algumas coisas, ainda restam tantas coisas essenciais que, se se quer assumir a missão de forma correta, uma coisa fica clara: se não existe mais capacidade para tanto, é imperativo – ao menos para mim, outra pessoa pode ver de outra forma – que se libere a *Cathedra*.

2. A RENÚNCIA

O cardeal Reginald Pole (1500-1558), a quem o senhor fez referência num discurso, diz em sua teologia da cruz: a cruz é o lugar genuíno do representante de Cristo. Segundo ele, o primado papal tem uma estrutura martirológica.

Na época, isso me tocou muito. Um de meus alunos fez uma tese de doutorado sobre ele. Entendo que isso seja verdade também hoje, porque o papa precisa todos os dias dar testemunho, encontra diariamente a cruz. Portanto, a dimensão da *martyria*, no sentido de carregar a cruz do mundo e dos seus problemas, para ele sempre estará presente. Isso é muito importante. Quando um papa sempre recebe apenas aplausos, ele precisa se perguntar se fez algo de errado. Pois neste mundo a mensagem de Cristo é um escândalo, iniciado com o próprio Cristo. Sempre haverá contradição, e o papa sempre será sinal de contradição. É uma característica distintiva, mas isso não significa que deve morrer debaixo de machadadas.

O senhor quis evitar ter de apresentar aos olhos do mundo nas condições em que se mostrou o seu predecessor?

O meu predecessor tinha sua própria missão. O papa havia começado com enorme energia, praticamente levou a humanidade nos ombros, carregou por vinte anos com força descomunal os sofrimentos e fardos do século, anunciando a mensagem – uma fase de sofrimento era parte natural desse pontificado. E foi uma mensagem em si. As pessoas também viram dessa forma. Muitos passaram a ter um especial carinho por ele apenas quando se tornou um sofredor. Pois nós nos aproximamos do ser humano intimamente quando somos fracos. Por isso, teve mesmo sua importância. Contudo, eu tinha a convicção de que não se pode repetir isso de qualquer modo. E que, depois de um pontificado de oito anos, não poderia ter mais oito anos desse modo.

O senhor diz que também se aconselhou sobre essa decisão. E com seu superior. Como foi isso?

É preciso expor as razões da forma mais clara possível diante Dele e tentar alegar não apenas a eficiência ou outras categorias para a renúncia ao cargo, mas olhar as coisas a partir da fé. Exatamente dessa perspectiva também cheguei à conclusão de que a missão de Pedro exigia de mim decisões, visões concretas, mas que à época, quando isso não seria mais possível num tempo previsível, o Senhor também não queria mais isso de mim e me libertou do fardo, por assim dizer.

Uma vez saiu a notícia de que o senhor teria sido motivado por uma "experiência mística" para tomar essa decisão.

Foi um mal-entendido.

O senhor está em paz com Deus?

Claro, realmente estou.

O senhor teve a sensação de que seu pontificado de alguma forma havia se esgotado, que não avançaria mais? Ou que possivelmente a pessoa do papa não era mais a solução, mas sim o problema?

2. A RENÚNCIA

Não, isso não. Na verdade eu tinha plena consciência de que não poderia fazer muito mais. Mas não que eu, por assim dizer, fosse um problema para a Igreja, não era na ocasião nem agora a minha percepção.

Foi importante o fato de que o senhor estivesse decepcionado com seu próprio pessoal, sentia falta de apoio?

Também não. Digo, a questão de Paolo Gabriele é um caso lamentável[3]. Mas, em primeiro lugar, não foi culpa minha – ele foi examinado pelas autoridades competentes e julgado apto para aquela função –, e, em segundo lugar, é preciso contar com essas coisas, pois somos seres humanos. Pessoalmente tenho consciência de não haver cometido nenhum erro.

Ainda assim, a mídia italiana especulou que o verdadeiro pano de fundo para sua renúncia deveria ser encontrado no caso Vatileaks, que não tinha a ver apenas com o caso Paolo Gabriele, mas também com problemas financeiros e intrigas na Cúria. Por fim, o forte relatório de investigação de 300 páginas teria chocado o senhor de tal forma que não viu outra escapatória além de abrir espaço para um sucessor.

Não, isso não procede, de jeito nenhum. Pelo contrário, as questões foram totalmente esclarecidas. Na época, eu disse – acredito que para o senhor – que não se pode renunciar quando as coisas vão mal, mas sim quando estão em paz. Eu

---

3. Paulo Gabriele é o ajudante pessoal do papa afastado no dia 24 de maio de 2012 sob a acusação de ter comercializado documentos privados. Dele se fala no capítulo 14. (N.T.)

pude renunciar porque em relação a essa situação a paz havia sido recuperada. Não foi o caso de um recuo sob pressão ou de uma fuga pela incapacidade de lidar com essas questões.

Em muitos jornais, falou-se até mesmo de chantagem e conspiração.

Isso tudo é uma grande bobagem. Devo dizer que o fato de uma pessoa, seja por que razão for, ter imaginado que provocando um escândalo purificaria a Igreja é algo insignificante. Mas ninguém tentou me chantagear. Eu também não teria permitido. Se tivesse havido tal tentativa, justamente eu não a aceitaria, pois não é possível se deixar levar pela pressão. Também não foi o caso de eu ter me decepcionado ou o que quer que seja. Pelo contrário, havia, graças a Deus, uma atmosfera de paz e de superação. Um estado de ânimo no qual era possível entregar tranquilamente a direção àquele que viria depois.

Uma objeção é que a renúncia teria secularizado o papado. Não seria mais um ministério incomparável, mas um cargo como qualquer outro.

Isso eu precisei levar em conta, e refleti sobre a questão de se, por assim dizer, o funcionalismo não teria conquistado também a instituição papal. Mas já houve uma decisão semelhante entre os bispos. No passado, o bispo também não podia renunciar, e havia uma série de bispos que diziam: *Eu sou "pai" e assim permanecerei para sempre.* Não se pode simplesmente deixar de sê-lo. Seria imprimir um caráter funcional e secular ao ministério, e transformar o bispo em um funcionário como qualquer outro. A isso é preciso recordar que o papel de pai também acaba. Naturalmente, ninguém deixa de ser pai, mas ele deixa as responsabilidades concretas. Num sentido profundo, íntimo, ele continua sendo pai e com uma relação e uma responsabilidade especiais, mas não com as tarefas de pai. E assim também aconteceu com os bispos.

De qualquer forma, nesse meio-tempo, houve uma compreensão geral de que o bispo, por sua vez, é o portador de uma missão a qual o vincula intimamente, mas que, por outro lado, ele não precisa permanecer eternamente na sua função. E assim penso que seja claro que também o papa não é um super-homem e não é suficiente que permaneça no seu posto, mas também deve cumprir suas funções. Quando renuncia, mantém as responsabilidades num sentido interior, mas não na função. Nesse sentido, aos poucos as pessoas entenderão que o papado não perdeu nada de sua grandiosidade, mesmo que a humanidade do cargo talvez fique mais em evidência.

Logo depois do anúncio de sua decisão, como sempre após a Quarta-Feira de Cinzas, iniciaram-se os Exercícios Espirituais da Quaresma para a Cúria. Ao menos, nesse momento, algo foi dito ao senhor sobre a renúncia?

Não. Os Exercícios são momentos de silêncio e de escuta, momentos de oração. Havia previsto que após o anúncio se seguiria uma semana de silêncio, na qual todos poderiam refletir no seu íntimo sobre o que acontecera: ao menos os bispos, os cardeais e os funcionários da Cúria. Uma semana distantes das coisas exteriores para estar juntos em recolhimento diante do Senhor.

Nesse sentido, para mim foi emocionante e bom que tenha havido o isolamento e o silêncio e ninguém pudesse me desconcentrar, pois não havia audiências, e todos ficamos longe da confusão e muito próximos uns dos outros para rezarmos juntos e ouvir quatro vezes por dia as pregações; e cada um pôde encontrar-se pessoalmente diante do Senhor, sentindo-se responsável por si mesmo e por suas ações. Ou seja, preciso dizer que a escolha da ocasião foi ótima. Hoje percebo que foi até melhor do que pensei na época.

O senhor se arrependeu da renúncia em algum momento, um minuto que fosse?

Não! Não, não. Vejo todos os dias que foi o correto.

Ou seja, nem disse a si mesmo alguma vez...

Não, não mesmo. Foi uma decisão pensada por bastante tempo e discutida com o Senhor.

Houve algum aspecto em que o senhor não tenha pensado? Que tenha ficado claro ao senhor apenas depois?

Não.

O senhor também avaliou se poderia haver no futuro exigências justificadas de renúncia perante outro papa?

Naturalmente, não podemos nos curvar a exigências. Por isso, também enfatizei em meu discurso que fiz isso livremente. Nunca se pode partir quando é uma fuga. Nunca se pode ceder a pressões. É possível partir apenas quando ninguém exige isso. E ninguém exigiu no meu caso. Ninguém. Foi uma absoluta surpresa para todos.

2. A RENÚNCIA

É possível que o senhor também tenha se surpreendido, pois por meio de sua renúncia abriu-se uma virada para outro continente.

Na Santa Igreja, precisamos contar com tudo.

3. "Não abandono a cruz"

Depois de sua última celebração litúrgica como papa em exercício e da despedida do Palácio Apostólico, começa uma nova história. O senhor se muda com seu círculo mais próximo – o secretário Georg Gänswein e Alfred Xuereb, bem como quatro irmãs da Memores Domini[1] *– para a residência papal de verão em Castel Gandolfo. O senhor acompanhou o conclave de lá.*

Certamente.

E como foi?

Naturalmente que não recebemos ninguém, isso é muito claro, e também não mantivemos nenhum contato com

---

1. Associação leiga católica cujos membros seguem uma vocação de entrega total a Deus e vivem os preceitos de pobreza, castidade e obediência referentes ao movimento eclesiástico "Comunhão e Libertação". (N.T.)

o mundo exterior, mas vimos o que pudemos pela televisão. Acompanhamos com atenção, principalmente, a noite da eleição.

O senhor tinha alguma ideia de quem poderia ser seu sucessor?

Não, nenhuma!

Nenhuma sensação, nenhum pensamento?

Não. Não.

Então, o senhor pôde, quando se despediu da Cúria, prometer obediência absoluta e imediata ao seu futuro sucessor?

O papa é o papa, independentemente de quem seja.

De qualquer forma, dizem que Jorge Mario Bergoglio já era um dos favoritos no conclave de 2005. Era mesmo?

Não posso dizer nada sobre isso. (*Risos.*)

O que passou na cabeça do senhor quando seu sucessor apareceu na sacada da Basílica de São Pedro? E justamente vestido de branco?

Bem, isso é uma escolha dele, nós também já usávamos branco. Ele também não quis usar a murça. Isso não me tocou. O que me tocou muito foi que, antes de ir até a sacada, ele quis me telefonar, mas não me encontrou, porque estávamos diante da televisão; o modo como rezou por mim, o momento do silêncio, depois o carinho com que cumprimentou as pessoas, de forma que, por assim dizer, a faísca se acendeu imediatamente.

Ninguém o esperava. Claro que o conhecia, mas não havia pensado nele. Nesse sentido, foi uma grande surpresa. Mas depois a maneira como ele rezou e falou ao coração das pessoas acendeu imediatamente o entusiasmo.

De onde o senhor o conhecia?

Das visitas *ad limina* e por correspondência. Sabia que era um homem muito decidido, alguém que dizia de forma muito decidida na Argentina: isso se faz e isso não se faz. A sua cordialidade, sua atenção para com cada um em particular, são aspectos que eu não conhecia. Foi uma surpresa para mim.

O senhor esperava que fosse escolhido algum outro?

Sim, não alguém em especial, mas outros, sim.

De qualquer forma, Bergoglio não estava entre elas.

Não. Nunca pensei que ele estivesse no grupo mais restrito dos candidatos.

Embora se saiba, como já dito, que no conclave anterior ele era um dos favoritos ao lado do senhor.

Isso mesmo. Mas pensei fossem águas passadas. Não se ouviu mais falar dele.

Houve alegria com o resultado da eleição?

Quando ouvi o nome, primeiro fiquei inseguro. Mas quando vi como ele falava com Deus, por um lado, e com as pessoas, por outro, fiquei realmente satisfeito. E feliz.

De novo, apenas para deixar registrado: não se pode dizer que se tivesse conhecimento ou ao menos uma ideia de quem seria seu sucessor pudesse ter facilitado a sua renúncia?

Não. O Colégio de Cardeais é livre e tem uma dinâmica própria. Não é possível prever quem será no fim das contas.

Papa Francisco representa muita novidade sob bastantes aspectos: é o primeiro jesuíta na Cátedra de Pedro; o primeiro que leva o nome de Francisco. E, principalmente: ele é o primeiro papa do "Novo Mundo". O que isso significa para a estrutura da Igreja Católica mundial?

Significa que a Igreja está em movimento, é dinâmica, aberta, e avança para novos desdobramentos. Que não está congelada em nenhum tipo de esquemas, mas sempre acontece algo surpreendente, que ela traz essa dinâmica intrínseca, é capaz de sempre se renovar. O que é bonito e encorajador é que, justamente em nosso tempo, aconteçam coisas que ninguém espera e que mostram que a Igreja é viva e cheia de novas possibilidades.

Por outro lado, já se esperava que a América do Sul desempenhasse um grande papel. É o maior continente católico, ao mesmo tempo o que mais carrega sofrimentos e problemas. Realmente, ali existem grandes bispos e, com todos os sofrimentos e problemas, uma Igreja extremamente dinâmica. Nesse sentido, já era chegada a hora da América do Sul. Mas o novo papa é ao mesmo tempo italiano e sul-americano, de forma que manifesta profunda ligação do novo com o velho mundo e a intrínseca unidade da história.

De qualquer maneira, com o Papa Francisco, a Igreja Católica mundial perde seu eurocentrismo, ou ao menos essa característica fica enfraquecida.

Já está bem claro que a Europa não é mais o centro óbvio da Igreja mundial: a universalidade da Igreja é autêntica e os diversos continentes têm o mesmo peso. A Europa tem sua responsabilidade, suas tarefas específicas. No entanto, a fé na Europa se enfraqueceu tanto que o velho continente consegue ser uma força impulsionadora da Igreja mundial somente dentro de certos limites. Hoje vemos que são os novos elementos, por exemplo, africanos, sul-americanos ou filipinos, que imprimem uma nova dinâmica, que renova o Ocidente cansado e lhe dá uma nova energia, o desperta do cansaço, o ajuda a recuperar a memória da fé. Se penso especialmente na Alemanha, há certamente uma fé viva e uma dedicação a Deus e às pessoas vinda do coração. Mas por outro lado existe o poder das burocracias, a supervalorização dos aspectos teóricos da fé, a politização e a falta de uma dinâmica viva, que quase sempre parece espremida sob o peso exagerado das estruturas; assim, é encorajador que na Igreja mundial sejam valorizadas outras influências – e que agora a Europa deva ser reevangelizada a partir de fora.

Quando se diz que o bom Deus corrige um pouco cada papa em seu sucessor... em que o senhor será corrigido pelo Papa Francisco?

(*Sorriso.*) Eu diria que por sua dedicação direta às pessoas. Acredito que isso seja muito importante. É claro que ele é também um papa que reflete. Quando leio a exortação *Evangelii gaudium*, ou também as entrevistas, vejo que é um homem reflexivo, alguém que medita sobre as questões atuais. Mas, ao mesmo tempo, é alguém que fica muito perto das pessoas, que está acostumado a estar sempre entre as pessoas. O fato de ele não morar no Palácio, mas na [Casa] Santa Maria, é porque sempre quer estar cercado de gente. Eu diria que também é possível conseguir isso lá em cima [no Palácio Apostólico], mas é uma escolha que mostra um novo estilo. Talvez eu realmente não tenha estado o bastante entre as pessoas. Depois, reconheço a coragem com que ele aborda os problemas e busca as soluções.

Será que, para o senhor, seu sucessor não seria um pouco impetuoso demais, excêntrico demais?

(*Risos.*) Cada um tem seu temperamento. Um talvez seja um tanto reservado, o outro um pouco mais dinâmico do que se havia imaginado. Mas acho bom que ele fique tão perto das pessoas. Obviamente me pergunto por quanto tempo conseguirá manter esse ritmo. É necessária muita energia para toda quarta-feira dar duzentos ou mais apertos de mão. Mas vamos deixar isso nas mãos do bom Deus.

Então, o senhor não tem problemas com o estilo dele?

Não, pelo contrário, me agrada.

O velho papa e o novo papa moram no mesmo terreno, a poucas centenas de metros de distância um do outro. Dizem que o senhor estaria sempre à disposição de seu sucessor. Ele já buscou sua experiência, pediu seus conselhos?

De forma geral, não há motivo. Ele me enviou perguntas sobre certas coisas, inclusive sobre aquela entrevista que deu à *Civiltà Cattolica*[2]. Bom, claro que respondi, me expressei. Mas de forma geral fico também muito feliz por não ser convocado.

Significa que o senhor não recebeu de antemão a primeira Exortação Apostólica do papa Francisco, **Evangelii gaudium***?*

Não. Mas ele me escreveu uma carta pessoal muito bonita com sua letra pequenina. É muito menor que a minha. Se comparada com a dele, minha letra é grande.

É quase impossível de acreditar.

É verdade. A carta foi muito afetuosa, tanto que recebi essa Exortação Apostólica de um jeito especial. E também envolta em branco, o que normalmente é feito apenas para o papa. Estou lendo a exortação. Não é um texto breve, mas é bonito,

---

2. Na entrevista para a revista jesuíta *Civiltà Cattolica*, publicada em setembro de 2013, o papa Francisco respondeu a perguntas sobre seu histórico de vida, seus pensamentos e a imagem que tinha da Igreja.

uma escrita cativante. Com certeza, nem tudo é dele, mas tem muito de pessoal.

Muitos analistas interpretaram essa Exortação como uma virada, especialmente pelo pedido de descentralização da Igreja. O senhor enxerga nesse texto programático um rompimento com seu pontificado?

Não. Eu também sempre quis que as Igrejas locais vivessem com o máximo de independência possível e não precisassem tanto da ajuda de Roma. De qualquer forma, o fortalecimento das Igrejas locais é muito importante. Mesmo que seja sempre importante que todas permaneçam abertas umas às outras, e abertas ao Ministério Petrino, pois de outra forma podem prevalecer o elemento político, a nacionalização e, com isso, um empobrecimento cultural. O intercâmbio entre a Igreja mundial e as Igrejas locais é fundamental. Preciso também dizer que, infelizmente, é bem aqueles bispos contrários à centralização que faltam iniciativas que se esperaria deles. Por isso continuamos ajudando, sempre. Pois, quanto mais uma Igreja local é viva e atinge a sua vitalidade a partir da centralidade da fé, tanto mais ela contribui para a totalidade da Igreja.

Não se trata somente do fato de que a Igreja na sua complexidade se ocupa do governo de cada Igreja local, mas que os problemas de cada Igreja local também são determinantes para o todo. Se algum membro adoecer, já dizia São Paulo, todos adoecem. Se, por exemplo, a Europa tem uma carência de fé, então é uma doença também para os outros e vice-versa. Se em outra Igreja se difundem superstições ou outros fenômenos negativos, ou a falta de fé, isso tem repercussão sobre o todo. Por isso a sintonia é muito importante. Não é possível renunciar ao Ministério Petrino e seu ministério da unidade. E não se pode tampouco renunciar à responsabilidade das Igrejas locais.

Então, o senhor não vê um rompimento com seu pontificado?

Não. Digo, claro que é possível simular uma interpretação equivocada em alguns pontos para se dizer que tudo foi virado de cabeça para baixo. Quando se pegam pontos isolados, é possível construir as oposições, mas não quando se enxerga o todo. Talvez haja uma nova ênfase em alguns apectos, claro, mas nenhuma contraposição.

Então, até este momento o senhor está satisfeito com o ministério do papa Francisco?

Sim. Há um novo frescor na Igreja, um novo contentamento, um carisma novo que fala às pessoas, só isso já é uma bela coisa.

Em seu discurso de despedida na Praça São Pedro, duas partes particularmente se destacaram. A primeira apareceu em seu último Angelus, quando o senhor declarou: "O Senhor me pede para subir ao monte Tabor". O que o quis dizer com isso?

Em primeiro lugar, era uma frase prevista no Evangelho daquele dia. Mas o Evangelho recebeu naquele momento um significado muito concreto. Significava que, por assim dizer, eu estava partindo com o Senhor, saindo da vida cotidiana e ascendendo para outro nível, onde estou com Ele de forma mais direta e íntima. E também que me afastaria da grande quantidade de pessoas que estavam ao meu redor até ali e me recolheria a essa intimidade maior.

3. "NÃO ABANDONO A CRUZ"

Então, certamente não foi por acaso que sua última grande liturgia tenha sido na Quarta-Feira de Cinzas. Parecia que o senhor estava dizendo: "Atentai, eu quis vos trazer até aqui – purificação, jejum, penitência".

Isso também estava previsto. Todavia havia pensado na Quarta-Feira de Cinzas porque era uma liturgia importante. Teria sido na [Basílica de] Santa Sabina, porque é uma antiga igreja estacional, mas nessa ocasião mudamos para a de São Pedro. E me parecia um sinal da Providência que a última liturgia fosse a abertura da Quaresma e, com isso, estivesse ligada também ao *memento mori*, à importância da entrada na Paixão de Cristo, mas, ao mesmo tempo, ao Mistério da Ressurreição. Numa ponta, ter o Sábado Santo no início da minha vida e, em outra, a Quarta-Feira de Cinzas no final de meus serviços concretos foi algo que por um lado foi pensado, mas por outro também escrito nos desígnios da minha existência.

A segunda frase da despedida, que o senhor pronunciou com especial ênfase, foi: "Não abandono a cruz".

Alguém havia dito que eu estaria descendo da cruz, que estaria me pondo numa situação confortável. É uma acusação com a qual eu já contava. Precisei lidar com ela, principalmente no meu íntimo, antes de tomar a decisão. Tenho convicção de que não foi uma fuga, não de renúncia provocada por pressões externas, pois não houve isso. Não se tratava nem mesmo de uma fuga interna das exigências da fé que conduz o homem a conhecer a cruz. Ao invés disso, é outra maneira de também permanecer ligado ao Cristo *sofredor*, na quietude do silêncio, na grandeza e intensidade da oração por toda a Igreja. Por isso meu passo não é uma fuga, mas um outro modo de permanecer fiel ao meu ministério.

O senhor não realizou nenhuma grande cerimônia de despedida, mas a fez simplesmente durante uma audiência geral.

Se fizesse uma cerimônia de despedida, seria realmente confirmar a secularização que o senhor comentou. A minha despedida precisava permanecer em sintonia com um serviço espiritual. Nesse caso, a liturgia da Quarta-Feira de Cinzas e o encontro com os fiéis na Praça São Pedro representaram um encontro ao mesmo tempo de alegria e reflexão, em que primeiro plano não está o destino pessoal de um homem, mas o fato de que ele é o representante de um outro. De qualquer maneira, foi absolutamente correto, por um lado, encontrar a Igreja como um todo, e, por outro lado, com as pessoas que queriam dizer adeus. E fazer isso não no sentido de uma cerimônia mundana, mas de um encontro em nome do Senhor e na comunhão da fé.

Quando o senhor partiu de helicóptero, também isso fazia parte de certo modo de toda a cenografia, ao menos visto de fora. Poderíamos dizer que nunca antes um papa foi elevado aos céus ainda em vida...

(*O papa ri.*)

O que passava pela sua cabeça?

Tudo aquilo me emocionou muito. O carinho da despedida, também as lágrimas dos funcionários (*a voz fica trêmula*). Então, sobre a Casa Bonus Pastor havia uma grande faixa: *"Vergelt's Gott"*[3], e então os sinos de Roma (*o papa chora*). Isso me emocionou muito. Mas, de qualquer forma, ao voar por ali e ouvir o som dos sinos de Roma, sabia que poderia agradecer, e que o estado de ânimo de fundo era de gratidão.

---

3. Expressão bávara, como Joseph Ratzinger, que expressa gratidão a uma pessoa cujos serviços foram tão generosos que apenas Deus poderia recompensá-lo. Em português: "Deus lhe pague". (N.T.)

PARTE II
História de um servo

4. Casa dos pais e infância

Santo Padre, o senhor veio de um lar simples e se transformou, já em idade avançada, no sucessor de Pedro. Quando menino, que ideia tinha de um papa?

O papa da época, Pio XI, era para nós o papa por excelência. Era mesmo o representante de Cristo, alguém que estava infinitamente acima de nós, mas que ao mesmo tempo estava muito próximo, pois era nosso pastor. Nós venerávamos e amávamos o papa... e ao mesmo tempo o víamos como infinitamente distante, infinitamente acima de nós.

À época, o senhor tinha um santo favorito?

Não conseguiria dizer. Meu santo de batismo, São José, obviamente sempre gostei dele.

Quando o senhor era criança, tinha alguma daquelas perguntas da infância sobre Deus para as quais ninguém encontra uma resposta e que deixam desconcertadas as pessoas?

Não, para mim o mundo da fé era bem firme e construído sobre bases sólidas.

Numa carta ao Christkind [Jesus Menino] *o senhor pedia "um missal, uma roupa de missa verde e uma imagem do Sagrado Coração de Jesus".*[1] *Para um menino de 7 anos, idade do senhor à época, não é bastante incomum?*

(*Sorri.*) Sim, mas para nós, desde o início, a participação na liturgia era realmente uma experiência fundamental e grandiosa, que introduzia ao mundo misterioso no qual se queria adentrar. E brincar de padre também era uma diversão muito comum e bonita. Na época, era bastante difundida.

O senhor é, depois de sua irmã Maria e de seu irmão Georg, o filho mais novo. O senhor era o caçulinha protegido?

Sim, era.

---

1. Além das cartas ao Papai Noel, as crianças de comunidades alemãs também escrevem cartas ao *Christkind* (Menino Jesus), que é representado como um anjo de cachinhos dourados e asas e também distribui presentes no dia 25 de dezembro. Segundo a agência nacional de correios alemã, a DeutschPost, *Christkind* é conhecido na Alemanha, Áustria, Tirol, Hungria, República Tcheca, sul do Brasil e Eslováquia. O missal que o entrevistador comenta é uma edição alemã popular feita pelo beneditino Anselm Schott, conhecida como "*VolksSchott*". (N.T.)

4. CASA DOS PAIS E INFÂNCIA

Como chamavam o senhor quando criança?

Quando eu era bem menino, me chamavam de "Josepherl". Mas depois, com mais ou menos 8 anos, eu disse que não podia ser assim, do contrário seria Josepherl a vida toda, e dali para a frente fui chamado de Joseph! Essa instrução também foi observada e mantida.

O senhor foi um rapaz alegre, descomplicado, ou introvertido e pensativo desde novo?

No início, em Tittmoning e Aschau, eu era um garoto muito vivaz. Mas, por algum motivo que não sei individuar, a partir dos 8 anos fiquei um tanto mais pensativo e não mais tão alegre. Mas ao meu redor as coisas também mudaram: a guerra complicou tudo.

Seu nascimento, em 16 de abril de 1927, caiu num Sábado Santo. Quando papa, ao visitar o Santo Sudário, em Turim, o senhor disse em voz alta: "Este é um momento pelo qual esperei muito". Pode-se dizer que a imagem do Santo Sudário é o ícone do Sábado Santo. Parece que o senhor, no decorrer da vida, reconheceu cada vez mais esse tema como seu, que literalmente lhe foi imposto pelo destino, que vinha realmente desde o berço.

Sim, sempre o senti muito presente. Na época, a noite de Páscoa já era celebrada na manhã do Sábado Santo, e fui batizado com a água batismal que apenas havia sido abençoada. Era algo muito caro aos meus pais. Eles enxergaram muito significado nisso e também me falaram isso desde o início. Essa consciência, de certa forma, sempre me acompanhou, tanto como teólogo quanto em acontecimentos que tinham as características de um Sábado Santo. Isso sempre esteve muito forte dentro de mim. Sempre tentei compreender mais a fundo esse tema e o considerei efetivamente uma vocação, um programa de vida.

Seus textos sobre esse tema são muito profundos e emocionantes.

Exatamente porque não têm nada de muito intelectual mas é uma experiência entremeada com minhas raízes, com o início de minha existência, que não apenas tentei entender, mas também tentei viver.

Como o pai de Karol Wojtyla, também seu pai, Joseph, filho de agricultores e militar, era muito devoto. Uma devoção profunda e viril. Ele marcou de alguma forma sua vocação?

Sim, em muitos sentidos. Por um lado, ele era um homem incrivelmente piedoso, que rezava muito, com uma fé muito comprometida com a fé da Igreja, e ao mesmo tempo era um homem muito prático, muito crítico, que poderia ser crítico até mesmo perante o papa e os bispos. Para mim foi muito importante essa piedade concreta com a qual ele vivia a fé e da qual estava realmente imbuído.

O desenvolvimento religioso de seu pai esteve ligado a algum acontecimento?

Não sei. Ele teve um capelão muito bom na infância, que evidentemente deixou a sua marca em meu pai. Sempre falava

4. CASA DOS PAIS E INFÂNCIA

dele. O seu mestre formou um coro de meninos, no qual ele cantava. Graças a isso a Igreja se transformou para ele numa experiência.

Seu pai não tinha uma formação escolar específica.

Ele teve apenas a Volksschule[2], mas era um homem inteligente, que conseguia pensar com a própria cabeça.

É verdade que ele queria ser padre?

Nunca comentou. Tinha, na verdade, a ideia de entrar na ordem dos capuchinhos, como irmão.

Do sítio da família Ratzinger, em Rickering, um pequeno povoado na Baviera onde seu pai nasceu, surgiram direta ou indiretamente muitas vocações. Como o famoso Georg Ratzinger, seu bisavô, que não foi apenas sacerdote, mas também ficou famoso como deputado do Reichstag. Depois, o irmão e a irmã de seu pai, Alois e Theogona, que se tornaram padre e irmã religiosa. Além disso, há o senhor e seu irmão, Georg, e por fim um primo, que hoje é padre em Simbach, na região de sua cidade natal, Marktl. Poderíamos dizer que é quase uma família de sacerdotes.

Sim, quase (*sorri*). Conhecíamos bem o tio Alois, o tio espiritual, pois passamos com ele as férias de 1937, talvez também as de 1935. Também conhecíamos bem a tia Theogona, irmã religiosa.

---

2. Na época, o correspondente à educação mínima exigida pelas leis alemãs, que variava segundo a região. (N.T.)

O fato de haver padres na família, como seu tio Alois, irmão de seu pai, encorajou o senhor a seguir o mesmo caminho?

Na época, era normal. Todas as grandes famílias de agricultores tinham muitos filhos, sempre havia um religioso no meio.

O tio Alois deve ter sido um homem peculiar.

Sim, era uma figura curiosa. Era inteligente, mas nada convencional. Era, acima de tudo, a favor da *Volksliturgie*[3] [Liturgia popular] alemã.

E era contrário ao nazismo.

Sem dúvida.

Na antologia Priester unter Hitlers Terror *[Padres sob o terror de Hitler], dois grossos volumes que continham uma lista dos sacerdotes que se opuseram a Hitler e foram perseguidos na era nazista, consta que seu tio Alois, ao fim de 1936, foi denunciado perante o presidente do governo regional porque pedia um juramento de fidelidade à Igreja Católica de todos os que iam à missa. O senhor, que era menino, soube disso?*

Para nós estava muito claro que um religioso devia ser contrário ao nazismo. E nosso pai também era tão contrário que não se podia imaginar que qualquer pessoa na família pudesse ser a favor do regime. A tia Therese, uma das irmãs de meu pai, fazia uma oposição especialmente feroz ao nazismo.

---

3. Liturgia popular, um dos movimentos iniciais da reforma litúrgica alemã. (N.T.)

4. CASA DOS PAIS E INFÂNCIA

Tinham uma casa com várias irmãs em Osterhofen, em que parte do terreno ficava bem ao lado da ferrovia. Certa ocasião passou um trem com grandes nomes do nazismo e ela fez para eles o gesto de "nariz comprido" (*o papa faz o gesto, ri*). Eles ficavam furiosos, mas dentro do trem em movimento nada podiam fazer.

Em 1933, teve início um "Ano Santo". Justamente nesse ano, Hitler chega ao poder para trazer a morte e o terror para o mundo.

Naturalmente essa data já estava prevista. Segundo a Tradição, o Senhor foi crucificado com 33 anos, e 1933 era um grande jubileu, que foi celebrado também em Aschau, onde vivíamos na época. Ao mesmo tempo, houve esse triunfo do mal que pesou sobre nós. Mas o mundo interior da religião estava tão vivo dentro de nós que ele podia até ser perturbado pelas coisas externas, mas não destruído.

Para seu pai, que assinava a revista antifascista Der gerade Weg *[O caminho reto], deve ter sido...*

Para ele foi muito ruim, claro. Nós, crianças, tínhamos a vida dentro da família, a vida do vilarejo, que sempre foi muito católica. Naturalmente, isso o atingiu muito mais que a nós.

O fato de sua mãe ter sido cozinheira temporária numa pensão era um tema de discussão em casa?

Foi apenas depois da aposentadoria de meu pai, quando os três filhos iam à escola e esse custo precisava ser pago. Embora eu ainda não estivesse na escola, o custo total dos estudos era de vinte marcos ao mês. Em 1938, quando ela foi ajudante na cidade de Reit im Winkl, a situação financeira estava bastante difícil.

Como era para seu pai? Possivelmente ele foi o primeiro dono de casa da história alemã.

(*O papa dá uma gargalhada.*) Para ele era um grande desafio. Ele só sabia cozinhar uma coisa, *Schmarren*, uma espécie de picadinho picante e frito. Mas tirando isso ele precisou aprender do zero.

Ele não tinha problemas em andar por aí de avental?

Ele andava.

Ele chegava até a limpar seus sapatos.

De certa forma, isso ele sempre fez, e para a família toda. Era responsabilidade dele.

Quando policial, seu pai era transferido com frequência. Em 35 anos de serviço, 14 vezes. Em geral, a seu pedido. O que acontecia?

Não consigo explicar, mas os Ratzinger têm uma certa inquietação congênita. Eu também já mudei muito de lugar…

O fato de ele ter se casado tarde tem a ver com tantas mudanças como policial?

4. CASA DOS PAIS E INFÂNCIA

Sim. E também, penso eu, com a dúvida sobre se não deveria de alguma forma entrar em alguma ordem religiosa.

E por que sua mãe, Maria, se casou tão tarde?

Provavelmente em razão de suas condições de trabalho.

Sua mãe Maria era filha ilegítima. Quando o senhor soube disso?

Na verdade, foi relativamente cedo, em Aschau, embora na época eu não tivesse compreendido o que significava isso. Foi assim: como servidor público, meu pai teve de providenciar uma "certidão ariana" para ele e sua mulher. Para ele não foi problema, pois a certidão de nascimento estava disponível. Mas minha mãe era do Tirol do Sul, e foi necessária uma longa e cansativa troca de cartas entre o pároco de Aschau e a respectiva prefeitura na Itália. E lá estava registrado que minha mãe era filha ilegítima. No entanto, só compreendi o que significava esse fato muito tempo depois.

Isso teve algum significado particular para o senhor?

De jeito nenhum, pois minha mãe tinha muita convicção de que não tinha necessidade de comprovar a moralidade de sua família.

Sua mãe soube quem era o pai?

Claro que o homem que depois casou com sua mãe era seu pai de verdade.

Mas o padeiro Rieger não a reconheceu como legítima no início. Por quê?

Foi um lapso jurídico. Minha mãe era a primogênita. Também o segundo filho, Benno, nasceu antes do casamento. Eles já haviam se comprometido com o casamento, mas não tinham residência fixa. Em Rimsting, onde eram donos de uma padaria, eles se casaram. Ele achou que a filha seria automaticamente legitimada quando os pais se casassem. A mãe era muito rígida, uma mulher difícil, o pai era bondoso e amoroso. Ele a amava muito. E da parte dela era recíproco.

Como é para o senhor? O senhor tinha o reconhecimento e o amor de seu pai?

Tinha, de verdade. Desde menino. Entre nós existia muita amabilidade e carinho. Especialmente a partir de abril de 1937, quando ele se aposentou, fazíamos longos passeios, quando ele contava sobre sua infância e juventude. Quando minha mãe, por motivos financeiros, assumiu o posto de cozinheira em Reit im Winkl, e meus irmãos também não estavam em casa, saíamos todos os dias para passear. Na verdade, ele era um romancista e criava muitas histórias empolgantes. Acho que mesmo para ele era empolgante, o jeito que a história continuaria. Eram histórias de família, de um casal, como se conheciam, tudo o que acontecia na família e por aí vai. Eu diria que eram verdadeiros *Heimatromane* [romances regionais][4].

---

4. Romances populares com forte apelo de identidade regional. (N.T.)

4. CASA DOS PAIS E INFÂNCIA

Como era o casamento de seus pais?

Era muito bom, embora tivessem temperamentos e estilos de vida muito diferentes. Minha mãe era cordial, amorosa, intensa nos sentimentos e não muito racional. Gostava de viver de forma espontânea, viver o momento presente. Havia alguns conflitos mas em geral eram muito unidos. As brigas nos provocavam muita dor, mas sempre sabíamos que o essencial do casamento permanecia ileso.

Seu pai era severo, talvez severo demais, disse o senhor certa vez. Como ele expressava essa severidade?

Devo dizer que ele foi ficando cada vez mais moderado. Comigo não foi tão rígido quanto com meus irmãos mais velhos. Expressava sua rigidez exigindo pontualidade e exatidão, repreendendo com voz forte e também dando uns tapas quando acontecia alguma transgressão. Na época, era uma maneira totalmente normal de criar os filhos. Sabíamos que precisávamos obedecer às ordens: a ordem religiosa, a ordem familiar e as leis em geral. Era um homem muito justo e honesto e cuidava para que seguíssemos nesse mesmo caminho. E, bem, sabíamos que não haveria condescendência se saíssemos da linha.

O senhor comentou que um de seus professores em Freising era oposto à "piedade reprimida do século XIX". O senhor escreveu literalmente: "Para mim foi um grande avanço". Seu pai também foi rígido demais no aspecto religioso?

Digamos que ele tenha sido formado na severa devoção do século XIX por influência do seu capelão, de quem já falamos, uma pessoa em si muito boa. Hoje consideraríamos aquela forma de devoção rigorosa demais. Mas não se pode comparar o contexto daquela época com o de hoje.

Quando o senhor escreve sobre sua infância, em geral assume um tom quase sempre romântico. O senhor disse certa vez que imaginava o paraíso "como era a vida na minha infância". Não seria sinal de certa necessidade de harmonia?

Sim, é verdade.

No entanto, em suas memórias não se fala de conflitos, rupturas, dificuldades.

Claro que havia brigas na família e tudo o mais. Éramos pessoas totalmente normais. Não significa que tudo sempre estivesse na mais perfeita harmonia. Mas a sensação de estarmos lado a lado e de sermos felizes uns com os outros superava muito todo o resto.

Não houve nenhum conflito geracional como o que ocorreu de forma generalizada nos anos 1960?

Não.

Depois de seu irmão mais velho entrar nesse caminho, o senhor também foi aceito no seminário episcopal de Traunstein. Georg foi o seu modelo?

4. CASA DOS PAIS E INFÂNCIA

Em muitos aspectos, sim. Ele era um garoto que sabia o que queria, tinha ideias claras e decididas. Ao mesmo tempo, fomos próximos desde pequenos, simplesmente éramos unidos. Mais tarde, também discutíamos teologicamente todas as questões que estavam em voga. Mas eu entrei no seminário apenas no terceiro ano do *Gymnasium*[5]. Por um motivo simples e prático: meu pai não poderia pagar se todos três fôssemos ao mesmo tempo para o internato. Então, pude ficar dois anos em casa, o que me fez muito bem.

Notável que também sua irmã tenha seguido uma formação escolar secundária. Também neste caso seu pai foi a força propulsora?

Sim. Ele queria que minha irmã também tivesse uma boa formação e boas oportunidades profissionais. Na época, a ideia de *Gymnasium* para mulheres não era comum. Havia dois tipos de ensino secundário: o liceu, que era mais ou menos algo para mulheres da alta sociedade, depois a escola de economia doméstica, com estenografia, datilografia, contabilidade, inglês e assim por diante. Era uma formação sólida, que lhe agradava muito.

Quando criança, o senhor era mais sensível que os outros. O senhor se sentia um estranho no ninho?

Na verdade, não. Quando entrei no seminário, esse mundo era muito novo para mim. Mas foi apenas nos primeiros seis meses.

---

5. À época, o *Gymnasium* equivaleria ao ensino fundamental II e ensino médio de hoje com uma décima terceira série (*Oberprima*), que seria o preparatório para o ensino superior. (N.T.)

Seus companheiros ficavam bem impressionados com o fato de que o senhor já sabia, desde muito cedo, o que o queria, ou o que era o quê. Num de seus boletins de Traunstein consta até mesmo que o senhor era "rebelde". Essa rebeldia não é uma parte fundamental da sua personalidade?

Por algum momento foi assim mesmo. No terceiro, quarto anos, de alguma forma, foi o momento da rebeldia.

Mas não apenas nessa ocasião. Há aquele episódio na carreira militar, num momento de exercícios em que o treinador, um verdadeiro disciplinador, gritou para os recrutas reunidos diante dele: "Quem aguenta mais, vocês ou eu?". Então, o senhor deu um passo à frente sozinho e disse: "Nós". Foi justamente o menor, de aparência mais frágil, que retrucou. Mais tarde, essa postura fica cada vez mais evidente. Por exemplo, no caso de sua tese de doutorado o senhor foi contra a opinião acadêmica dominante, especialmente contra um professor de Teologia Dogmática que era considerado a principal autoridade do mundo naquele campo. Ou seja, esse traço de rebeldia estava presente.

Sim, estava. O desejo de contrariar, isso mesmo.

Na escola, o senhor era chamado de "Hacki". No jornal dos estudantes "Helios" consta o seguinte sobre o senhor: "Homem de grandes contrastes é o nosso Hacki; nos esportes é um tanto fraco, mas nas ciências é excelente". A nota é do ano de 1945. Então, desde cedo o senhor tinha essa predisposição pelo lado acadêmico?

Sim, tinha.

4. CASA DOS PAIS E INFÂNCIA

As características típicas do seu estilo de trabalho foram desde o início o ritmo constante, a regularidade, uma programação diária bem definida. Quando isso começou?

Quando estávamos em Hufschlag.[6] Antes, não havia tarefas de casa na escola. Em Hufschlag, ele dedicava as primeiras duas horas da tarde – ou o tempo necessário, às vezes bastava uma hora – para as tarefas. Aos poucos, esse tempo foi aumentando. De qualquer forma, eu distribuía meu tempo da tarde e realmente utilizava para o estudo o que havia previsto.

Já na escola e depois na universidade, o senhor estava à frente dos outros na questão do conhecimento. Por quê?

Também não devemos exagerar. Eu gostava sobretudo do latim e do grego e também havia aprendido bem o hebraico. Mas, bem, eu era um dos que se dedicavam a essas coisas, enquanto os outros tinham menos interesses teóricos.

Com 14 anos, o senhor descobriu a literatura, traduziu textos eclesiásticos do grego e do latim.

Como brincadeira, claro.

Como se faz para aprender tantos idiomas? Nem todos eles se aprendem na escola.

---

6. Depois de Marktl, Tittmoning e Aschau, a família mudou-se em abril de 1937 para uma pequena e antiga fazenda no vilarejo de Hufschlag bei Traunstein, que o pai já havia comprado em 1933 por 5.500 marcos alemães. Logo depois da tomada do poder por Hitler, ele se deu por vencido: "Agora vem a guerra, agora precisamos de uma casa".

Não, na verdade, eu não tenho fluência em idiomas.

Pode explicar, por favor?

De 1942 a 1943 tivemos aula optativa de italiano, de que gostávamos muito. Ao menos aprendemos alguns fundamentos, não mais que isso. O resto aprendi depois, com a prática, quando acabei vindo para Roma. Mas nunca estudei bem o italiano, por isso nunca tenho tanta segurança na gramática. Tivemos um ano de francês na escola, que tentei manter, mas também é algo com pouco fundamento. Aprendi inglês com discos na época em que passei em Bonn, e sempre fui muito fraco. E na verdade acabou por aí. Dizem que eu falo sabe-se lá quantos idiomas, mas não é verdade.

O que seus pais diziam sobre o enorme talento de seu filho?

Ora, não era tão empolgante assim. Eu tirava boas notas, mas precisava estudar também.

Havia alguma ambição especial incentivada, por exemplo, por seu pai?

Acho que não. Meu pai cuidava bastante para que estudássemos e fôssemos corretos. Mas ele não queria, tampouco investiu para isso, que nos tornássemos algo "grandioso". Ele se alegrava pelo fato de querermos ser sacerdotes. Era um homem simples e realmente piedoso.

A vocação para o sacerdócio, segundo suas memórias, teria "crescido de forma muito natural, sem grandiosas experiências de conversão". Se não grandiosas, houve ao menos experiências espirituais menores?

Eu diria que foi a entrada cada vez mais profunda na liturgia. Reconhecer a liturgia realmente como ponto central e tentar entendê-la, a par de toda a trama histórica que vem por trás dela. Tínhamos um professor de religião que escreveu um livro exatamente sobre as basílicas estacionais romanas. E, de certa forma, havia preparado o seu trabalho durante as aulas de religião. Graças a ele, aprendemos muito bem, de forma muito concreta, as raízes históricas. Foi uma experiência que me trouxe muita alegria. Por isso depois me interessei muito por questões religiosas. Era o mundo em que me sentia mais em casa.

5. Guerra

Na Páscoa de 1939 o senhor entrou no seminário arquidiocesano de Traunstein. Poucos meses depois, teve início a Segunda Guerra Mundial. O senhor ainda se lembra da deflagração da guerra, em 1º de setembro de 1939?

Sim, me lembro bem, pois a consequência foi a transformação do seminário em hospital, e a partir daí começamos a ir à escola de nossas casas. A partir de 1938, com a crise austríaca, sabíamos que a guerra viria. Por isso tenho ainda muito presente quando Hitler declarou, sei lá a que horas, que "revidaria os tiros"[1].

---

1. Em 22 de agosto de 1939, Hitler ordena a ocupação da Polônia, tendo como suposto objetivo a recuperação do "espaço vital" perdido na Primeira Guerra Mundial. Em 1º de setembro de 1939, tropas da *Wehrmacht*, o exército alemão, invadem a Polônia e rapidamente conquistam o território. No famoso discurso para o parlamento nesse mesmo dia, Hitler usa exatamente as palavras que Bento XVI reproduz na entrevista: "A partir das 5h45, revidaremos os tiros", iniciando assim a Segunda Guerra Mundial. (N.T.)

5. GUERRA

Nos tempos de guerra, seu pai foi até as fazendas vizinhas pedir comida.

Isso ele falava abertamente. Nós sabíamos também quais eram as fazendas das quais esperar alguma coisa.

Em Traunstein os alunos católicos foram ameaçados por fanáticos da Juventude Hitlerista e precisaram se manter discretos. Houve ataques contra o seminário arquidiocesano. O senhor, na época menino, não sentia medo das ameaças nazistas?

Claro. Mas na nossa classe, graças a Deus, não havia nenhum nazista de verdade e por isso não era preciso temer que alguém cedo ou tarde fosse denunciado. Mas, em geral, a atmosfera era opressora. Sabíamos que, com o tempo, a Igreja deveria desaparecer, assim como o sacerdócio. Para nós era claro que naquela sociedade não teríamos futuro. Para mim, pessoalmente, a perspectiva era ainda mais fatal, pois educação física se tornou matéria obrigatória da formação final e éramos reprovados se não fôssemos muito aptos para os esportes. Mas, ao mesmo tempo, estávamos totalmente convictos de que o nazismo não poderia durar muito. Meu pai também estava, de certa forma. Achávamos que a guerra chegaria rapidamente ao fim, pois acreditávamos que a França e a Inglaterra eram obviamente mais fortes que os nazistas. Nesse sentido, a esperança de que aquilo não duraria para sempre era muito grande. Mas o medo, a opressão pairavam sobre todos. Quando os primeiros amigos caíram e percebemos que aquilo se aproximava, tudo ficou ainda mais opressivo.

Sua família sabia dos campos de concentração, falava-se desse assunto?

Sabíamos que Dachau existia. O campo foi aberto com a chamada tomada de poder. Quando ouvíamos que este ou aquele havia ido para Dachau, ficávamos aterrorizados. Meu pai era leitor da *Geraden Wegs*, de Gerlich[2]. Ele sabia que Gerlich havia sido espancado até a morte ou fuzilado em Dachau. Sabíamos que coisas terríveis estavam acontecendo, mas a questão judaica para nós não era presente, pois não havia judeus nem em Aschau, tampouco em Traunstein. Quer dizer, em Traunstein havia um madeireiro, mas que se mudou um dia depois que jogaram pedras em sua janela. Pessoalmente, não conhecíamos nenhum judeu, mas meu pai, quando precisávamos de tecido para costurar, mandava buscá-lo numa firma de Augsburgo, cujo dono era um judeu. Quando os nazistas a expropriaram e o novo dono anunciou que tudo continuaria como antes, ele disse: "Não, não compro nada de gente que tirou tudo de outras pessoas". E nunca mais comprou daquela firma.

Quando o senhor e sua família souberam das câmaras de gás em Auschwitz e em outros lugares e do genocídio dos judeus?

Escutávamos os noticiários estrangeiros, éramos ouvintes assíduos, mas sobre as câmaras de gás nunca ficamos sabendo nada. Sabíamos que as coisas iam mal para os judeus, que foram deportados, que deveríamos temer pelo pior, mas o que aconteceu concretamente fiquei sabendo apenas depois da guerra.

---

2. Fritz Gerlich, 1883-1934, considerado, com sua revista *Der gerade Weg*, um dos representantes mais importantes na resistência de imprensa contra o nazismo. (N.R.)

5. GUERRA

As pessoas falavam disso?

Sim, nós falávamos. Meu pai sempre se referiu a Hitler como criminoso, mas era uma dimensão totalmente nova, inimaginável, que fazia tudo parecer ainda mais pavoroso.

Após ter sido dispensado das Flak *[Forças antiaéreas Alemãs], em 10 de setembro de 1944, o senhor deveria iniciar o Serviço de Trabalho do Reich (RAD), em Burgenland*[3]. *O senhor o descreve em suas memórias. Onde foi exatamente?*

Na cidade de Deutsch-Jahrndorf, que fica na tríplice fronteira entre Eslováquia, Hungria e Áustria, bem perto de Pressburgo, ou seja Bratislava. De onde estávamos era possível ver a fortaleza de Pressburgo, então Bratislava. Bem perto havia a fronteira húngara. Devíamos fazer trabalhos de colheita nos campos de pimentão. Nossos alojamentos eram antigas barracas, cinco ou seis, e lá éramos divididos segundo a estatura. Os maiores na barraca um; eu ficava na barraca quatro ou cinco. Na época, as pessoas ainda não eram tão grandes, pois eu ainda passava por uma estatura média. Éramos cerca de quinze por barraca e dormíamos em beliches.

O senhor precisava sair todos os dias para erguer o Südostwall *[Muro do Sudeste]?*

---

3. Organização do Terceiro Reich que obrigava todos os jovens a partir dos 18 anos a prestar seis meses de serviços para o governo alemão, segundo lei promulgada em 26 de junho de 1935. A partir do início da Segunda Guerra Mundial, a obrigatoriedade da prestação de serviços foi estendida às mulheres. (N.T.)

Os primeiros quinze dias, talvez até três semanas, foram apenas de exercícios. Depois o *front* da guerra foi ficando mais próximo. Bem cedinho, todos precisavam escolher uma bicicleta em meio a uma quantidade imensa delas. Era preciso prestar atenção para escolher uma boa o mais rápido possível. Às vezes tínhamos azar e pegávamos uma ruim. Chegávamos de bicicleta no local de trabalho e lá começávamos a cavar.

Com a famosa pá que o senhor menciona.

Mas eu era um péssimo cavador. Havia alguns experientes, filhos de agricultores, que sabiam usar muito bem a pá. Do meu trabalho certamente o *Führer* não se beneficiou.

Em meados de dezembro de 1944, houve o treinamento militar básico em Traunstein. Um de seus companheiros conta que foi ordenada uma marcha de quarenta quilômetros com máscaras antigas. Vários teriam fracassado, mas o senhor conseguiu fazê-la.

Quarenta quilômetros é exagero, acho que foram trinta. Usamos mesmo as máscaras antigas, mas não o tempo todo. Sempre fui bom de caminhada, pois precisávamos ir a pé de Hufschlag a Traunstein para chegar à escola.

A partir de meados de 1945 – aos 17 anos –, o senhor foi transferido várias vezes para outros locais nas cercanias de Traunstein. No início de fevereiro de 1945, houve a dispensa do serviço. O que lhe faltou?

Não foi por causa de qualquer doença grave. Tive um panarício, uma infecção em um dedo. O dedão inteiro ficou infeccionado, cheio de pus, e doía muito. Então, o doutor, que era mais um veterinário (*sorriso*), abriu um corte nele sem anestesia. Apenas piorou as coisas, não melhorou. Talvez tivesse boa intenção, e para mim foi positivo porque acabei dispensado do serviço.

O senhor nunca se envolveu em operações militares. Consta o seguinte em suas memórias: "Decidi ir para casa" no final de abril, início de maio. É uma frase lapidar. Na verdade, a deserção era punida com a morte. O senhor tinha consciência disso?

Fiquei surpreso com minha ingenuidade depois. Sabia que os guardas da sentinela tinham ordens para atirar em quem deixasse o seu posto. Não consigo explicar como fui para casa com tanta desenvoltura.

O que seu pai disse? Afinal, o senhor era um desertor.

Meu pai, a família toda me recebeu com alegria. Já contei que, quando entrei em casa, havia duas irmãs religiosas, conhecidas como Damas[4], congregação de origem inglesa; elas estavam à mesa e estudavam um mapa. E quando entrei de uniforme elas disseram: "Ah, graças a Deus um soldado, agora estamos protegidas". (*Gargalhada.*) Elas não entenderam que era exatamente o contrário.

De repente, membros da SS apareceram em sua casa, o que não teve maiores consequências, embora seu pai os tivesse xingado para valer. Pouco antes do fim da guerra, o senhor foi preso por

---

4. Assim eram conhecidas as irmãs da ordem Congregatio Jesu, pois a congregação foi fundada pela inglesa Mary Ward. (N.T.)

soldados do exército americano. O senhor pôde levar um bloco de notas ou ao menos algo para escrever...

Um caderno, um caderno de verdade.

O que o senhor anotou durante o cárcere de guerra?

Tudo o que podia. Situações, mas também redações completas sobre temas que eu sabia serem objeto das provas finais para passar a outro nível de estudos. Então, tentei fazer poemas em grego e outras coisas parecidas. Ou seja, nada de valor, apenas reflexos do meu dia.

Para alguns de seus colegas de escola a prisão foi um trauma. Estavam em um campo que abrigava 50 mil prisioneiros em Ulm; como foi para o senhor essa experiência?

Foi muito difícil. Em primeiro lugar, ficamos dois dias inteiros sem comer. Apenas no terceiro dia recebemos uma ração americana, e foi a primeira vez na vida em que vi chicletes. Quando chegamos a nosso destino, ficamos ao ar livre. Os primeiros quinze dias passaram bem, pois o tempo estava bom.

Significa que os senhores dormiam ao relento sobre colchões.

Deitávamos diretamente no chão, não havia colchões.

Sem cobertor?

Sem cobertor. Enquanto estivesse quente, não haveria problema.

Não era pleno verão, era maio, junho. O senhor é mesmo mais robusto do que as pessoas pensam.

(*Riso.*) Quando se é jovem e se tem esperança de que não vai durar para sempre...

E quando veio a chuva?

Foi terrível. Formaram-se grupos para dividir algumas tendas, mas eu não pertencia a nenhum deles. Nosso "chefe de bloco" acabou me indicando a um grupo, mas deixaram tão claro para mim que não era bem-vindo que saí. Por fim, havia um suboficial muito gentil que tinha uma tenda alemã bem pequena – as tendas alemãs eram mesmo muito pequenas – e se ofereceu para dividi-la comigo. Mais tarde, chegou um outro camarada com uma tenda tcheca maior, ali fomos mais bem alojados. Ele foi liberado antes de mim e me deu a tenda para que eu a levasse para casa. Quando tudo terminou ele foi até Hufschlag para pegá-la de volta...

O senhor carregou a tenda na bagagem de Munique até em casa a pé?

Sim, sim (*riso*)... mas ruim mesmo era a fome. Recebíamos apenas uma vez por dia uma tampa de panela com comida. Além disso, o furto estava disseminado. Quando aquele suboficial e eu cavamos a trincheira para a tenda, enterrei uma pequena caixa onde deixava o pão. Adormeci e, quando acordei, havia sumido. De qualquer forma, todos estávamos muito famintos. Mas o que mais me interessava é que alguns grupos organizavam conferências e coisas parecidas. Por isso não foi de todo ruim.

A decisão pela vocação para o sacerdócio continuou amadurecendo no cárcere. Aqui, a leitura da biografia de Hildegard von Bingen, Das lebendige Licht *[A luz viva], escrita por Wilhelm Hünermann, que o senhor já havia lido com 14 anos, também teve um papel importante?*

Meu irmão lia para nós em voz alta à noite, em casa. Não diria que foi decisiva para minha vocação para o sacerdócio, mas foi uma leitura edificante que nos ajudou. Mais tarde, tentei ao menos ter um conhecimento básico sobre sua obra. É uma figura que sempre me acompanhou, sempre me fez pensar, sempre foi muito preciosa para mim. Mas nunca cheguei a estudá-la de maneira mais profunda como havia planejado.

O que sua mãe dizia sobre a vocação para o sacerdócio? Ela se expressou de forma decidida, como, por exemplo, a mãe de dom Bosco, que disse: "Se algum dia você duvidar de sua vocação, então tire a batina. Melhor um camponês pobre que um mau sacerdote".

Ah, que bonito. Teria sido também a posição de minha mãe, ainda que ela nunca tenha falado desse jeito. Ficou feliz porque meu irmão e eu seguimos essa estrada, mas também era da opinião de que, se não fosse nosso caminho, seria muito melhor que não o seguíssemos. Ela sempre se alegrava com isso, mas era uma alegria contida, pois sabia que também poderia dar errado.

6. Estudante, capelão, docente

Em 3 de janeiro de 1946, o senhor começou os estudos universitários em Freising. No trem para lá, o senhor estava com seu irmão e outro egresso de Traunstein, Rupert Berger. O que o senhor tinha na bagagem?

(*Riso*.) Eu tinha roupas, claro, e aquele mínimo de que se precisa para viver. Talvez um segundo terno e alguns livros, mas muito poucos, pois não tínhamos livros.

O senhor não tinha livros em casa?

Tinha, mas nenhum de que se poderia precisar ali.

O trem até Munique provavelmente estava lotado de refugiados, ex-soldados, mulheres agricultoras...

Estava extremamente lotado. Os trens ficavam entupidos, mas as pessoas ainda entravam. Mas na época era normal.

O que passou pela cabeça do senhor enquanto fazia essa viagem?

Era empolgante pensar em como seria, claro. Por um lado, no próprio seminário, mas principalmente nas aulas, nos professores. Tínhamos um amigo, um colega de classe de meu irmão, que já em novembro havia partido para Tübingen. Os franceses tinham reaberto imediatamente a universidade em sua zona de ocupação, e a Faculdade de Teologia pôde iniciar os cursos. No feriado de Natal, esse amigo nos contou tudo com entusiasmo. Era tudo diferente do *Gymnasium* e tudo o mais. Estava totalmente extasiado. Mas também sabíamos que grande parte das casas em Freising ainda estava ocupada por prisioneiros estrangeiros.

Como foi quando o senhor chegou a Freising?

Foi a realização de um sonho finalmente chegar e entrar no mundo da ciência, da teologia, e estar na companhia daqueles que seriam futuros companheiros de sacerdócio. Chegamos com muitas expectativas, mas também com grande abertura e disposição, com grande esperança. Ainda me lembro dos primeiros encontros, mas nem vale a pena contar agora. O primeiro que veio até nós foi aquele que no futuro se tornaria o professor Fellermeier, enquanto subíamos o monte da catedral. Ficamos surpresos de que fosse um senhor jovem e nobre, que era muito solene. A vida quotidiana era um pouco problemática. Grande parte do seminário ainda era um hospital de guerra estrangeiro. Apenas uma parte tinha sido liberada para nós, onde fomos alojados de maneira um tanto precária.

O "Monte Santo" devia ser bem ao gosto do senhor.

De fato. A catedral já era encantadora, de uma beleza magnífica. As coisas também começaram bem. Logo de início tivemos um retiro, liderado pelo professor Angermair, que era o teólogo moralista da faculdade, e foi muito bom. Ele era um pensador novo, vivaz, que quis nos tirar daquela piedade reprimida do século XIX e nos levar para céu aberto. A nova atmosfera que se respirava era para mim uma mudança radical. Como consequência, cresceu a curiosidade pela faculdade, embora nem tudo ali fosse tão convincente.

Até mesmo a localização do monte da catedral, com sua vista para os Alpes, é encantadora. Depois, aquela igreja incrível, o claustro, a cripta. Tudo impregnado por séculos de catolicismo bávaro, pelas orações e pela experiência dos fiéis. Essa atmosfera de elevada espiritualidade se toca literalmente com a mão.

Ainda havia o peso da presença do hospital e, por isso, podíamos usar o prédio apenas dentro dos limites. Mas, apesar disso, era impressionante ver aquela praça: a Igreja de São João, a faculdade, a catedral, atrás dela a Igreja de São Bento, o seminário com sua capela privada, que também é maravilhosa. Assim, apesar da pressão da atmosfera bélica que ainda pairava no ar, havia uma alegria por estarmos juntos naquele momento. A recordação dessa convivência, desse encontro e companheirismo ainda hoje me comovem muito.

Em suas memórias, o senhor destaca especialmente as grandes celebrações litúrgicas na catedral e as contemplações silenciosas na capela do seminário.

Ambas eram muito importantes. A catedral, com todo o seu esplendor, ou seja, uma igreja de beleza impactante. Também a música sacra era muito bela. A capela do seminário era pequena – havia sido aumentada para que tivesse lugar para todos; nós nos ajoelhávamos bem ao fundo, ficávamos um pouco longe –, mas apesar disso o retábulo do altar e a atmosfera de intimidade lhe davam uma força que a todos envolvia.

Mais tarde em sua vida, o senhor sempre se recolheu em conventos para exercícios espirituais. Por exemplo, no Mosteiro dos Beneditinos, em Scheyern. Quais exercícios espirituais o senhor mais apreciava?

O primeiro retiro, em 1946, foi especialmente tocante. Depois, os retiros de preparação para nossas ordenações diaconal e presbiteral – estivemos reunidos para rezar em vida naquele momento tão importante – são os que guardo fundo na alma. Pois havíamos percorrido o caminho interior e, em profundo recolhimento, nos questionamos ainda uma vez: sou digno, sou capaz? Para mim foi muito, muito comovente.

Depois da ordenação presbiteral, tivemos a cada ano três dias de retiro obrigatório. Ficou marcado em minha memória um deles pregado pelo padre Swoboda, um vienense camiliano – ordem fundada por São Camilo de Lélis –, que pregou o retiro com leveza, força, determinação e grande competência. E então Hugo Rahner [o irmão do teólogo Karl Rahner] também conduziu retiros para nós. Eram um pouco deprimentes, devo dizer.

Deprimentes?

Não sei, talvez porque sua doença já estivesse se intensificando.[1] De alguma forma, a fé para ele não era apenas alegria, mas sobretudo um peso, ou ao menos era isso que me parecia. Em compensação, no ano seguinte o pregador foi um padre da [Igreja de] São Miguel [em Munique], que pregava retiros alegres, dos quais saíamos todos contentes, felizes. Era um homem muito simples. Mas irradiava alegria. Ele também nos contava coisas engraçadas. Por exemplo, que, quando não lhe vinha nenhuma ideia para a pregação na sua igreja, colocava o chapéu do padre Rupert Meyer[2]. Então, de repente, vinham as ideias. E, por fim, os retiros que fazia todo ano em Scheyern, como bispo, sempre sozinho, ou seja, sem um pregador, sempre momentos de recolhimento e abertura espiritual.

O senhor havia se inscrito para um retiro em 2005. Contudo, foi eleito papa pouco tempo antes. Por que Scheyern?

Certa ocasião fomos ali para visitar o convento, mas não conhecia mais do que isso. Nos primeiros dias de meu ministério episcopal, Tewes [bispo auxiliar de Munique] havia me dito que estava indo a Scheiyern para fazer um retiro. Então pensei:

---

1. O jesuíta Hugo Karl Erich Rahner (1900-1968) foi acometido pelo mal de Parkinson em 1963, quando foi obrigado a se aposentar. (N.T.)

2. Rupert Mayer, jesuíta e pregador de Munique, contrário ao nazismo, que morreu em 1945 e foi beatificado em 1987. (N.R.)

isso seria bom também para mim. A amplidão da paisagem, as imensas florestas, o silêncio e a tranquilidade naturais, a simplicidade da abadia e a constância do ritmo, tudo isso me agradou bastante.

Quando começou seus estudos em Freising, o senhor literalmente faria parte dos primeiros sacerdotes ordenados depois do inferno da ditadura nazista e da Segunda Guerra Mundial. Podemos dizer que a profunda experiência da ditadura marcou fundamentalmente sua obra?

Sim, *deve-se* dizer isso. Vivemos um tempo no qual o "novo Reich", o mito germânico, o teutonismo representavam o que havia de grande, e o cristianismo era objeto de desprezo, especialmente o católico, pois era romano e judeu. Durante a guerra, percebia-se isso com mais intensidade pelas restrições. Sabíamos que corríamos risco todos os dias. Até o momento em que temíamos que o Terceiro Reich pudesse vencer, era claro para todos que o nosso mundo, nossa vida inteira seria destruída. Apesar disso, sempre tivemos a íntima certeza de que não era possível Hitler vencer. No entanto, a vitória rápida sobre a França, depois o avanço rápido para a Rússia, a vitória dos japoneses, que destruíram imediatamente toda a frota americana, foram momentos em que ficamos intranquilos. Depois da guerra foi muito bonito viver de novo em liberdade, ver a Igreja reflorescer, ser questionada e também buscada. Ao mesmo tempo, presenciamos como os velhos nazistas de repente começaram a adular a Igreja. Por exemplo, um de nossos antigos professores de francês, um nazista terrível que odiava os católicos, foi até o pároco de Haslach com um buquê de flores na mão, e histórias desse tipo...

6. ESTUDANTE, CAPELÃO, DOCENTE

Em seus escritos o senhor raramente aborda o tema do Terceiro Reich e do fascismo de Hitler. Por quê?

O olhar sempre se volta para o futuro. O nazismo nunca foi um tema de minha especialidade. Levávamos essa experiência dentro de nós, mas não considerava como minha tarefa manter uma reflexão histórica ou filosófica sobre o assunto. Para mim, o importante era lançar uma perspectiva para o amanhã. Onde vivemos hoje? Como prosseguirá o caminho da Igreja? Como a sociedade vai avançar?

Mas as questões da corresponsabilidade do povo ou também do envolvimento da Igreja no sistema nazista permaneceram em aberto. Isso deixou campo livre para outros fazerem a sua interpretação.

Devo dizer que vivenciamos a situação de outra maneira. Agora as coisas são apresentadas como se toda a Igreja tivesse sido um instrumento dos nazistas. Nós a víamos sendo oprimida – não quero dizer perseguida – e como lugar de resistência. Recordo ainda muito bem, depois da guerra, quando, de repente, ninguém mais queria admitir que havia sido nazista, como nosso pároco dizia: "No fim se chegará a dizer que os únicos nazistas foram os padres". Todos ríamos, era uma piada. Ninguém podia imaginar, pois cada um de nós sabia que a Igreja era a única força que havia resistido. Certamente não havia uma grande resistência ativa ou ações revolucionárias. Mas era claro que, após a guerra, a primeira coisa que os nazistas teriam eliminado seria a Igreja Católica, e apenas a toleravam porque precisavam de todas as forças disponíveis. Nunca nos ocorreu a ideia de que a Igreja tenha participado de alguma forma do processo. Essa noção foi criada apenas mais tarde.

Mas também não se pode falar, como o senhor já disse, que a Igreja na Alemanha teria sido um local de resistência de forma geral. Houve conivência até de alguns bispos. O que, na Igreja protestante, assume proporções muito maiores.

Havia aqueles "cristãos alemães", o que hoje ninguém mais sabe o que é, que eram totalmente predominantes. É verdade que meu pai também se irritava porque o cardeal Faulhaber não era mais claro em sua oposição aos nazistas, mas de qualquer forma era testemunha contra eles. Consta dos prontuários do *Gymnasium* de Traunstein que os nazistas disseram o seguinte: "Neste seminário predomina o espírito Faulhaber", ou seja, o espírito anti-*völkisch*, e por aí ia[3]. Faulhaber era a incorporação daquilo que os nazistas desprezavam. Meu pai também sentia que os bispos precisavam ter sido mais claros. É certo que existem temperamentos diferentes, mas nunca tivemos a sensação de que a Igreja tivesse aderido ao nazismo. A incompatibilidade já se mostrava no livro programático *Der Mythus des 20. Jahrhunderts* [O mito do século XX, de Alfred Rosenberg, um dos principais ideólogos do NSDAP, Partido Nacional-Socialista dos Trabalhadores Alemães], que possuía uma base ideológica absolutamente anticristã.

---

3. A ideologia *völkisch* (nome derivado de *Volk*, povo) surge no século XIX como movimento nacional alemão, antissemita e racista, e que, mais tarde, é usado como jargão nacional-socialista para designar tudo o que era relacionado ao nacionalismo alemão e à supremacia da raça ariana. Não se pode dizer que é um movimento organizado, mas apenas um amontoado de crenças, muitas das quais deram origem ao próprio nazismo. Além do caráter político, também continha uma faceta mística de endeusamento da "raça pura". Não pode ser traduzido por "do povo" ou "popular", pois diz respeito a uma população específica em uma situação de exceção. (N.T.)

Então, o senhor não abordou explicitamente essas questões simplesmente porque não era seu tema? Porém esse era um tema muito importante do ponto de vista social, não era?

Naturalmente. Mas não era minha tarefa trabalhar com ele no âmbito acadêmico.

O padre Höck, reitor do seminário de Freising, nunca falou sobre sua prisão no campo de concentração de Dachau?

Sim, certa vez contou o fato durante uma tarde inteira. Ele fez um desenho na parede e explicou tudo em detalhes.

Havia discussões sobre a "Rosa Branca", a resistência?

Sabíamos e falávamos sobre isso. Tínhamos orgulho da "Rosa Branca". Quando éramos estudantes em Traunstein soubemos do que tinham feito em Munique, e nossa classe inteira mostrou simpatia. Todos diziam: "Eles são ousados".

Mais tarde, o senhor teve uma ligação próxima com a irmã do professor Kurt Huber, um dos membros principais da "Rosa Branca" em Munique.

Ela era uma pessoa nobre, de fé muito profunda, uma mulher sincera.

Uma das principais leituras de sua época de estudante é a obra Der Umbruch des Denkens *[A reviravolta do pensamento], do teólogo moralista e estudioso da ética social Theodor Steinbüchel. Como o senhor se via como jovem? Moderno, crítico?*

Bem, eu não queria simplesmente me movimentar numa filosofia definitiva e já etiquetada, mas entender a filosofia como questionamento – o que somos de verdade? – e, especialmente, conhecer a filosofia moderna. Nesse sentido, eu era moderno e crítico. A leitura de Steinbüchel foi muito importante para mim, pois ele – também no livro *Die philosophischen Grundlagen der christilichen Moraltheologie* [Os fundamentos filosóficos da teologia moral cristã] – apresenta uma visão abrangente da filosofia moderna que eu buscava entender e com a qual desejava contribuir.

Infelizmente, não pude me aprofundar tanto na filosofia como gostaria de ter feito. Mas, exatamente como na filosofia, tinha minhas perguntas, minhas dúvidas, e não desejava simplesmente aprender e absorver um sistema pronto, também quis pôr em uma nova perspectiva os pensadores teológicos da Idade Média e da Idade Moderna e prosseguir nessa estrada. Foi nesse momento que o personalismo, que à época pairava no ar, me atingiu de forma especial e me pareceu o ponto de partida ideal para minhas reflexões filosóficas e também teológicas.

Nessa época também havia uma outra leitura-chave, Katholizismus als Gemeinschaft, *de Henri de Lubac.*[4] *O senhor escreveu que Lubac "levou seus leitores, de uma forma de fé estreita, individualista e moralista, para a liberdade de uma fé vivida socialmente, comunitariamente em sua essência". Essa fé diferencia-se da fé de sua infância, de suas origens. Houve aí um conflito?*

---

4. Provavelmente se refere à tradução de Hans Urs von Balthasar de *Catholicisme* – Les aspects sociaux du dogme, de 1938. (N.T.)

6. ESTUDANTE, CAPELÃO, DOCENTE

Conflito de fato não, mas levou a adquirir uma visão mais ampla da fé que para mim não era incompatível com a devoção que aprendi como criança. Pois também na piedade da infância estava sempre claro que o amor ao próximo é algo importante e que a fé quer compreender o todo. Nesse sentido, foi a descoberta daquilo que realmente significava, mas que não aparecia dessa maneira em nosso catecismo. Aqui encontrei realmente uma continuidade intrínseca e, no entanto, também me alegrei com o fato de que depois daquelas formulações um tanto estagnadas se pudesse ver a fé de um modo novo, mais amplo, e de fato inserida na vida moderna. Foi mesmo uma mudança radical. Mas não uma descontinuidade.

Então, não houve conflito com a fé de seu pai, com o mundo de suas ideias e da sua devoção?

Não, porque meu pai era um homem extremamente realista. Ele se interessava muito pela Doutrina Social da Igreja, pelo catolicismo como realidade social. Nesse sentido, no meu íntimo, já estava sendo preparado nessa linha.

O impulso a conhecer coisas novas e abrir-se ao novo não levou o senhor a discutir essas questões com seu pai?

Não, jamais discutimos. Não era de seu feitio falar sobre essas coisas. Mas sabia que tínhamos bons líderes e que nós, digamos, não perderíamos o fundamento espiritual, a oração e os sacramentos. Para ele isso era decisivo.

Certa vez, o senhor disse, sobre seu início na escola superior: "Quando comecei a estudar teologia, comecei também a me interessar pelos problemas intelectuais, pois revelavam o drama de minha vida e, principalmente, o mistério da verdade". Já falamos sobre isso em O sal da terra[5]*, e o senhor comentou naquela época que havia se expressado de maneira um pouco imprecisa. Refaço a pergunta aqui de forma bem direta: qual era na época o "drama de sua vida"?*

Bem, era o drama de discernir o que fazer da vida. Devia me tornar padre ou não? Eu era feito para aquilo ou não? E, principalmente: por que estou aqui? O que está acontecendo comigo? Quem sou eu?

De novo: como o senhor se via a si mesmo?

Éramos progressistas. Queríamos renovar a teologia e, com ela, também a Igreja, tornando-a mais viva. Éramos uma geração favorecida pelo fato de viver em um tempo em que o movimento da juventude e o movimento litúrgico abriam novos caminhos, novos horizontes. Queríamos que a Igreja progredisse, e estávamos convencidos de que dessa forma ela seria renovada. Todos nutríamos um certo desprezo – era uma moda de então – pelo século XIX, ou seja, pelo neogótico e por aquelas imagens um tanto *kitsch* de santos; pela devoção e pelo exagerado sentimentalismo um pouco *kitsch*. Queríamos superar tudo aquilo e entrar em uma nova fase de devoção, que se formasse a partir da liturgia, recuperando a sua sobriedade e grandeza originais.

---

5. *O sal da terra* – O cristianismo e a Igreja Católica no limiar do terceiro milênio. Trad. de Inês Madeira de Andrade, Imago, 2005. (N.T.)

6. ESTUDANTE, CAPELÃO, DOCENTE

O senhor era existencialista?

Não li muito de Heidegger, mas um pouco sim e achava interessante. Fazíamos nossos aquela filosofia e aqueles conceitos com uma certa empolgação. Como já disse, queria sair do tomismo clássico – e aqui quem me ajudou foi Santo Agostinho, que foi um verdadeiro guia – e não podia prescindir do confronto e do diálogo com as novas filosofias. Mas com certeza nunca fui existencialista.

O senhor comenta em suas memórias que o "diálogo com Agostinho", para o qual agora se sente suficientemente preparado, é um diálogo "que já havia tentado de diversas formas por muito tempo". A frase soa como um pouco misteriosa.

(*Riso.*) Bem, quando somos jovens, nos debruçamos sobre algo que acreditamos ser possível alcançar. Pessoalmente, eu não conhecia o complexo, não pensava "sobre isso grandes estudiosos já escreveram", mas sim: somos jovens, temos um novo ponto de vista. E, a partir dessa certeza de que podíamos reconstruir o mundo, avancei sobre coisas grandes sem medo. O certo é que, no início de 1946, encontrei Santo Agostinho e li alguma coisa dele. Essa luta pessoal que ele expressa me tocou bastante. Santo Tomás no fundo escreveu textos escolásticos, em certo sentido impessoais. Embora também neles haja uma grande luta, descobrimos isso apenas em um segundo momento. Ao contrário, Agostinho luta consigo mesmo, inclusive depois de sua conversão, e é isso que torna a sua experiência tão dramática e bela.

Nessa época, o senhor gostava de ir ao teatro e à ópera em Munique. O que lhe interessava em particular?

Basicamente, a representação da vida humana, das coisas humanas. O que me fascinou sobremaneira foi *O sapato de cetim*, de Paul Claudel, e *O general do diabo*, de Zuckmayer; a ópera *Diálogo das carmelitas*, de Francis Poulenc, cujo libreto se baseia na peça homônima que Georges Bernanos fez com base na novela original *A última ao cadafalso*, de Gertrud von Le Fort. Lembro-me também de uma apresentação muito bonita de *Sonho de uma noite de verão*, de Shakespeare, e de uma peça de Paul Claudel sobre a rainha Isabel [de Castela], cujo desenho em preto e branco de espanhóis e índios com certeza nos surpreende ainda hoje.

Vamos continuar no reino das artes: o senhor tem um pintor favorito, uma pintura favorita?

Sempre gostei muito da pintura holandesa, mas também de nossos pintores barrocos bávaros.

Van Gogh entre os holandeses?

Não, os antigos. Rembrandt, por exemplo, já era um mito por si mesmo na nossa juventude. Mas também, e principalmente, Vermeer van Delft. Minha irmã me presenteou com a reprodução de um belo quadro dele.

Quais suas peças favoritas de Mozart?

6. ESTUDANTE, CAPELÃO, DOCENTE

Há um quinteto de clarinetas de que gosto muito. Depois, naturalmente, a *Missa de coroação*, que amo desde a infância. Gosto especialmente do *Réquiem*. Foi o primeiro concerto que ouvi na vida, em Salzburgo. E, ainda, a *Pequena serenata noturna*. Quando crianças, tentávamos tocá-la no piano a quatro mãos. Entre as óperas destacaria *A flauta mágica* e *Don Giovanni*.

E de Johann Sebastian Bach, uma ou duas peças favoritas?

Sim, Bach, gosto especialmente da *Missa em si menor*. Pedi para meu irmão uma nova gravação dela de presente de Natal. E depois, claro, a *Paixão segundo São Mateus*.

Agora, preciso perguntar sobre Karl Valentin. Do que o senhor gosta tanto nesse comediante e inconformista? No verão europeu de 1948, o senhor peregrinou de Fürstenried até seu túmulo, em Planegg. Uma caminhada a pé de trinta quilômetros.

Mas nem me dei conta de que foi tanto assim. Sempre fui bom de caminhada (*riso*). Na época, tinha um colega, Walter Dietzinger, já falecido, um tipo muito inteligente, um tanto curioso, que também era um grande admirador de Valentin. Com ele, compreendi essa alegria sutil, curiosamente rabugenta, esse tipo específico de humor sutil, e de alguma forma o senti como importante. Entendi que é possível rir de coisas que também levam à reflexão.

Valentin tem um belo ditado: "Hoje vou me visitar, espero que eu esteja em casa".

Eu conheço. Hitler uma vez lhe deu a mão e disse: "Senhor Valentin, o senhor já me fez rir muito". Então, ele respondeu: "Mas eu nunca ri com o senhor".

Aconteceu mesmo?

Sim, sim, é verdade.

Em Munique, um professor foi muito importante para o senhor, Gottlieb Söhngen. Quais foram as primeiras impressões que o senhor teve dele?

Fui conquistado já na primeira aula. Como renano, tinha uma retórica natural e uma maneira de falar que envolvia as pessoas diretamente com o tema. Ele abordava principalmente os problemas. Nas disciplinas históricas, também na exegese, reinava na época um certo positivismo. Entretanto Söhngen não queria apresentar um edifício acadêmico autossuficiente e grandioso, mas sim perguntar: como ele é de verdade? Diz respeito a mim? E foi isso que me tocou.

Houve também uma proximidade pessoal?

À época, claro, nos postávamos diante dos professores com muita reverência, era ainda outro mundo. E eu e meu irmão éramos gente humilde do interior. Mas nos primeiros exames também consegui ficar pessoalmente mais próximo dele.

Ele reconheceu no início que considerava o senhor seu protegido?

Não. Nem poderia.

6. ESTUDANTE, CAPELÃO, DOCENTE

Por que não?

Bem, porque eu era ainda menino, por assim dizer, e precisava primeiro começar a examinar as coisas mais profundamente.

De fato, porém, o senhor era seu protegido. Isso o incomodava?

Eu não me via dessa forma. Eu me alegrava por poder trabalhar com ele, entender o que era importante para ele, por me aproximar aos poucos da teologia de forma geral e por poder tentar produzir alguma coisa.

Pode-se dizer que Söhngen foi seu verdadeiro professor de teologia?

Pode-se dizer, sim, deve-se dizer. Bem, claro que os outros também foram muito importantes para mim. A dogmática de Schmaus também formou quem sou. Depois Pascher, claro, principalmente por suas aulas. Três vezes por semana ele dava os chamados *Pontos*. Neles, era expansivo, falava livremente por até uma hora. A faculdade no seu todo deixou em mim uma marca indelével. Todavia o luminar, a pessoa que mais me tocou, aquele com quem mais me identifiquei, e graças ao qual entendi o que é a teologia, foi Söhngen.

O que havia de especial na "Escola de Munique"?

Seu caráter era marcadamente bíblico, buscando seus fundamentos na Sagrada Escritura, nos Santos Padres e na

Liturgia, além de ser muito ecumênica. Faltava a dimensão filosófico-tomista, que talvez tivesse lhe feito muito bem.

Söhngen era um daqueles teólogos que diziam que não se podia atribuir um fundamento dogmático para a Assunção de Maria ao céu. Podemos dizer que também o senhor, nessa época, não manifestava uma particular veneração mariana nem um forte interesse pela mariologia?

Claro que eu era católico e, nesse sentido, as devoções marianas do mês de maio e aquelas do tempo do Advento, o mês do Rosário e, simplesmente, o amor à mãe de Deus eram parte do nosso sentimento religioso. O culto à Virgem Maria, porém, não era tão profundo, não tinha o forte componente emocional que possui em países tipicamente católicos como é o caso da Polônia e da Itália. Também a Baviera é uma região tipicamente católica, mas a força emocional não era tão grande como em outros lugares. A veneração a Maria me marcou, mas nunca separada da de Jesus Cristo, ao contrário, sempre dentro dela.

Embora seu pai tivesse sido um grande devoto de Maria...

Minha mãe também. E ela era muito presente na família e faz parte de toda a minha catolicidade. Desde criança, por exemplo, montávamos em nosso vilarejo no mês de maio o altar de Nossa Senhora. Mas a formação teológica era muito cristológica e ligada ao cristianismo das origens; a mariologia estava presente, mas não tinha força intrínseca. Portanto, a piedade popular e aquilo que aprendemos teologicamente não estavam integrados.

6. ESTUDANTE, CAPELÃO, DOCENTE

Söhngen teve contato com Romano Guardini?

Eles já se conheciam, mas não acredito que tivessem uma ligação muito próxima.

O senhor entendia, como outros também, que Guardini não seria um autêntico teólogo?

(*Riso.*) Bem, eu não ousaria fazer uma afirmação dessas. Söhngen chegou mesmo a mencionar Guardini num dos pontos de seu livro *Die Einheit in der Theologie* [A unidade da teologia]. Em uma nota ele escreve: "Infelizmente, não consigo mais encontrar essa citação e peço que seja considerada como sinal de uma relação vívida com o seu autor". Diria que ele o conhecia, mas não tinha uma ligação estreita com ele, como era o caso de Pascher e Schmaus, muito ligados a Guardini.

O senhor o conheceu pessoalmente?

Pessoalmente não o conheci muito bem. O primeiro encontro pessoal foi em Bogenhausen, onde ele vivia. Um dia nos ligou na casa paroquial, numa tarde de sexta-feira, e perguntou se poderia celebrar a missa no domingo, e o pároco...

... Era a paróquia de Blumschein, onde o senhor era capelão.

... o pároco ficou totalmente atônito. Guardini queria celebrar a missa da noite em nossa paróquia! Ele ficou totalmente pasmo. Guardini era uma pessoa muito reservada, mas muito simples e amável. Meu irmão o conheceu melhor, pois na época era capelão na [Igreja de] São Ludovico e o encontrava todo domingo. Em 1956, fomos com um amigo para Franken, onde vivia um tio, irmão de minha mãe. Quando passamos por Rothenfels, pensamos que poderíamos aproveitar e ir até o castelo onde Guardini passava todo verão com a Juventude [Católica]. Claro que seria muito uma grande coincidência se Romano Guardini saísse pelo portão do castelo. Subimos, e o que aconteceu? Guardini saiu pelo portão do castelo! (*Ri alto.*) Foi como um sonho. Ele se mostrou muito feliz: "Olhem só quem vem lá!" Então, conversamos um pouco. Esses foram os únicos encontros pessoais que tivemos.

Um de seus colegas de estudo, Rupert Berger, relata que juntos teriam assistido a uma das conferências de Guardini, quando o senhor teve de disputar espaço no auditório lotado da universidade.

Sim, claro. Um opúsculo dele sobre Jesus, não aquele volumoso, foi um dos primeiros livros que li depois da guerra. Havia lido outros três livros do gênero e os achava chatos e áridos, mas o seu livro me deixou muito fascinado. Por isso tinha um grande interesse pelo seu trabalho.

Finalmente, seus estudos chegaram à formação sacerdotal prática, em que é necessário, entre outros itens, utilizar bonecas para aprender a batizar um bebê do jeito certo.

Eram disciplinas práticas – teologia pastoral, liturgia –, nas quais se aprendia a pronunciar corretamente as palavras do missal, a administrar os sacramentos ou também a dar catequese na escola. Tentávamos aprender isso em grupo, supervisionados pelo vice-reitor. E, aos poucos, conseguíamos.

6. ESTUDANTE, CAPELÃO, DOCENTE

É possível que o senhor não tenha levado muito a sério, pois pensava: de qualquer forma, não vou ser padre de paróquia. Serei ordenado padre, mas para outro tipo de missão.

Não, não, eu já tinha decidido com consciência: não precisava necessariamente me tornar professor. Também estava pronto e disposto a ser padre de paróquia. Foi um grande conflito interior. Era importante para mim estar convencido de que estava disposto a ser pároco, caso o bispo não quisesse que me tornasse professor.

Em suas memórias, o senhor diz que havia sentido muito cedo que Deus queria algo do senhor que poderia ser realizado apenas se se tornasse padre. É uma afirmação notável.

Sim. De alguma forma eu sabia que Deus queria algo de mim, esperava algo de mim. E sempre esteve claro para mim que esse algo estava ligado ao sacerdócio.

Mas se tratava aqui claramente de outra coisa; algo para além do sacerdócio.

De cada pessoa Ele exige algo específico. Estava convencido de que Ele queria algo de mim também e pensava que fosse na direção da teologia, mas não era um caminho definido com precisão.

Ou seja, o senhor também estava manipulando aquela boneca na pia batismal com seriedade...

Sim, claro que sim!

E levava jeito ou não?

Fui menos desastrado que de costume. No primeiro ano de meu período como capelão precisei realizar muitos batismos – ao menos dois por semana –, pois em nossa paróquia ficava uma maternidade.

Uma das partes da formação sacerdotal era a aula de canto. Ao que parece, o senhor teve aulas com um ex-cantor de ópera.

Sim, o senhor Kelch. Ele faleceu há pouco tempo com mais de 90 anos.

A tonalidade de sua voz era um problema? O senhor trabalhou nela?

Um pouco. Mas, claro, não se pode mudar muita coisa nesse sentido.

Em seu convite para sua primeira missa consta o seguinte lema: "Não somos senhores de vossa fé, mas servos de vossa alegria". Como o senhor chegou a ele?

Como parte de uma concepção moderna de sacerdócio, não apenas chegamos à consciência de que a mania de grandeza está errada e que o padre sempre é um servo, mas também fizemos um grande trabalho interior para não nos colocarmos nesse alto pedestal. Nunca ousaria me apresentar como "Reverendíssimo". Ter ciência de que nós padres não somos senhores, mas servos, não era apenas confortável para mim, mas pessoalmente importante para que pudesse receber a ordenação.

6. ESTUDANTE, CAPELÃO, DOCENTE

Nesse sentido, essa frase era um tema central para mim. Um tema que encontrei nas aulas, na leitura da Sagrada Escritura, em diversos textos, e nos quais encontrei a expressão daquilo que eu era.

Seus alunos dizem que poderiam observar por muitas décadas que o senhor, na celebração da Eucaristia, nunca teria caído numa rotina, mas vivia a transubstanciação com total entrega, como se fosse sempre a primeira vez.

É uma experiência entusiasmante que nos deixa sempre tocados e atraídos pelo evento extraordinário que acontece sobre o altar: a presença do Senhor em pessoa: o pão que não é mais pão, mas corpo de Cristo.

***

Passemos ao período em que foi capelão em Bogenhausen: as experiências desse tempo confluíram para o artigo Die neuen Heiden und die Kirche *[Os novos pagãos e a Igreja]?*

Aquele ano foi realmente o período mais belo de minha vida. Mas também fui testemunha de uma nova situação dramática, que aparecia exatamente na aula de religião. Havia quarenta meninos e meninas na minha frente, que de alguma forma participavam daquilo com sinceridade, mas eu sabia que em casa ouviam o contrário. "Mas meu pai diz que não preciso levar tão a sério", era o que se dizia. Eu sentia que a parte institucional ainda estava lá, mas que o mundo real havia se afastado muito da Igreja.

As pessoas não acharam o senhor um pouco maluco por causa do seu artigo? No fundo era um tempo em que a Igreja voltava a desabrochar depois da guerra, firmava-se como instituição. E daí vem alguém e fala que um novo paganismo estava se desenvolvendo.

Sim. Mas era muito claro. Tínhamos um bom trabalho com a juventude, mas todos sofriam com o fato de que a sua religiosidade era estranha ao mundo ao qual pertenciam.

Die neuen Heiden und die Kirche *[Os novos pagãos e a Igreja], publicado em 1958 na revista* **Hochland***, é sua primeira provocação de grande visibilidade, e muitas outras se seguiriam, mesmo durante seu pontificado. Como foram as reações?*

De forma geral, foram bem negativas, infelizmente. O estranho é que houve um artigo no qual se alegava que eu teria tomado posição contra o CSU[6]. Foi obviamente um acontecimento singular. Além do mais, espalhou-se que meu texto continha afirmações heréticas. Em Freising, onde eu estava quando da publicação do artigo, se assustaram. Recebi a convocação para ir a Bonn. Nosso colega, Scharbert, estudioso do Antigo Testamento que estava se qualificando para a livre-docência e tinha boas relações ali, disse que também estavam um pouco chocados. Ele se perguntava se era correto pensar isso de mim. Em Munique, o cardeal Wendel ficou especialmente irritado. No entanto, disse para mim mais tarde que já havia percebido que a situação era de fato preocupante, mas nunca faria um juízo sobre mim, uma refutação, com base em um

---

6. União Social Cristã, partido alemão cristão conservador. (N.T.)

simples artigo. Foi engraçado. Ainda hoje não entendo o que havia naquelas páginas que pudesse perturbar tanto as pessoas. Mas de qualquer forma causou confusão.

O artigo foi um sinal de alerta prematuro, um chamado ardoroso para reconhecer os sinais dos tempos. Como foi em relação às reações positivas?

Claro que elas existiram. Em primeiro lugar, do próprio círculo de leitores da *Hochland*, do grupo de Franz Josef Schöningh, que não era apenas editor daquela revista, mas também cofundador e editor do *Süddeutsche Zeitung*. O artigo foi recebido como uma contribuição importante.

Com seu artigo, o senhor também provocou um texto da escritora Ida Friederike Görres na revista Frankfurter Hefte? *Ida escreveu, em novembro de 1946, sobre o cotidiano desiludido de muitos católicos e o estado assustador do aparato eclesiástico.*

Esse artigo se tornou muito popular. À época, foi discutido em todos os lugares. Em Freising, foi recebido com grande indignação. Eu sabia o que havia nele, mas não o havia lido. O que me inspirou foi simplesmente a experiência concreta da Igreja, que havia vivido antes, como capelão. Então, alguém convidou a senhora Görres para ir a Freising dar uma palestra no seminário. Mas o cardeal Faulhaber decidiu: essa mulher não vai falar em meu seminário!

O senhor conheceu a senhora Görres em 1970, manteve com ela uma longa troca de cartas e com frequência...

... também nos encontrávamos pessoalmente. Também celebrei o seu funeral. Ela havia lido *Introdução ao cristianismo* e ficou entusiasmada e feliz porque havia um jovem teólogo, de uma geração jovem, que apresentava o cristianismo com devoção. Por um lado, era muito crítica das formas de piedade do século XIX, mas, quando o renascimento pós-conciliar levou a outra situação, ela se alinhou a uma posição mais severa – e ficou feliz por ter encontrado nesse livro um jovem teólogo que era ao mesmo tempo moderno *e* piedoso. Ela me escreveu imediatamente e me visitou mais tarde em Regensburg.

Veio então inicialmente o convite para ser professor no seminário de Freising e, entre as primeiras aulas, estava a Pastoral dos Sacramentos. Ao mesmo tempo, o senhor assumiu a liderança de um grupo de jovens. E quase ninguém sabe que o senhor foi, de 1955 a 1959, conselheiro espiritual de estudantes universitários.

Na Escola Politécnica de Freising existe a Faculdade de Agricultura e Produção de Cerveja, a "Oxford da Produção de Cerveja". Lá havia chineses, havia pessoas de todas as partes do mundo, de Cuba, por exemplo, que se entusiasmavam pela revolução de Fidel Castro. Na época, ainda podíamos nos entusiasmar por ela ou talvez até mesmo fôssemos obrigados a nos entusiasmar. Foi muito enriquecedor para mim. Primeiro, uma noite de conferências, uma vez por mês, além disso também era convidado regularmente pelas organizações estudantis. Disponibilizava também um pequeno fundo para poder ajudar estudantes em situações de emergência. Eram jovens muito simpáticos, vivi muitos momentos bonitos com eles.

O senhor também ficou bastante no confessionário nesses três anos?

Claro. Todo sábado. Por cerca de duas horas em média.

O que se ouvia lá?

Vinham principalmente seminaristas. Entre eles eu era muito querido, pois de alguma forma era muito generoso. (*Risos.*)

O dia 21 de fevereiro de 1957 diz alguma coisa ao senhor?

Foi o dia da minha apresentação pública para efeito da qualificação que, com a tese de livre-docência, é necessária para ser aprovado como professor universitário. O segundo leitor, Schmaus, devolveu a tese para que eu fizesse as devidas correções e melhorias. A segunda versão foi depois aceita. No entanto, o clima era extremamente tenso, por isso fiquei tão inquieto antes daquela apresentação. Havia escolhido um tema histórico. Normalmente, a faculdade aceitava todas as sugestões, porém, no meu caso disseram que, para me qualificar para Dogmática, precisaria tratar de um tema da Teologia Sistemática. Tive apenas alguns dias para preparar essa apresentação. Ao mesmo tempo, estava totalmente ocupado com minhas aulas em Freising. Eu estava sob forte tensão, pois sabia que uma parte da faculdade me ouviria com desconfiança e, basicamente, já haviam tomado uma decisão negativa. Minha reprovação parecia programada. Segundo o procedimento previsto, o primeiro a falar deveria ser o meu orientador, no caso Söhngen, que, como era de esperar, falou em um tom amistoso.

Porém, Schmaus, o segundo leitor, falou comigo de um jeito bem diferente. Mas de repente surgiu uma conversa entre Schmaus e Söhngen, que discutiram entre si de forma exaltada no auditório. Foi uma situação singular.

Na época, seus pais moravam com o senhor. O senhor os levou para Freising. Eles estavam na plateia?

Meu irmão estava lá, meus pais, não. Quis poupá-los. Eles ficaram em Freising. Durante a discussão eu estava presente, porque o debate deveria ter sido comigo. Em geral, professores não discutem entre si, mas com o candidato. Em seguida, esperamos no corredor até o anúncio da decisão. Meu irmão, o padre Pakosch, da São Ludovico, e mais alguém. Durou uma eternidade e, claro, eu só podia esperar pelo pior.

O que não aconteceu.

Depois de uma longa espera no corredor, me informaram que eu havia passado. Com isso o drama terminava, embora ainda permanecesse o efeito psicológico. Era como se estivesse diante de um precipício...

Nesse momento, o senhor se enfureceu com Deus ou fez uma promessa para o caso de as coisas terminarem bem?

Nem um, nem outro. Mas rezei com muito fervor e pedi com seriedade ao bom Deus que me ajudasse. Principalmente pelos meus pais. Teria sido um desastre se precisasse ficar na rua.

Sobre a experiência traumática da qualificação, o senhor disse certa ocasião que essa prova "foi para mim humanamente salutar e, por assim dizer, seguia uma lógica mais elevada". O que o senhor quis dizer com "lógica mais elevada"?

Havia obtido o doutorado de maneira muito rápida. Se tivesse conquistado a qualificação para a livre-docência tão facilmente, poderia ter desenvolvido a consciência de que seria forte o suficiente para fazer qualquer coisa e minha autoestima teria ficado desequilibrada. Assim as coisas foram redimensionadas. E faz bem que, às vezes, reconheçamos toda a nossa miséria e não nos portemos como grandes heróis, mas como pequenos candidatos diante de um abismo e que precisam se reconciliar com o que fazem. Por isso, a lógica era que eu precisava de uma humilhação e que de alguma forma ela recaiu sobre mim de forma justificada – nesse sentido justificada.

Quer dizer que o senhor tendia a ter uma autoestima exagerada ou até mesmo um estrelismo exagerado?

Quero dizer que, depois do doutorado, no qual fui avaliado como brilhante, o reitor disse que esperava me ver o quanto antes como seu colega. Por isso eu tinha a fama de ser um jovem promissor (*sorri*). Sempre participava dos seminários de Schmaus. Quando ele não podia estar presente, confiava a mim sua condução. Era muito bom e encorajador, e eu era uma daquelas figuras de que se esperava que se tornasse alguma coisa ali.

E isso subiu à sua cabeça?

Isso não, mas de qualquer forma humilhações são necessárias.

Humilhações?

Acredito que para um jovem seja perigoso queimar uma etapa antes da outra e apenas receber elogios por onde passa. É bom que conheça seus limites, que se submeta também às críticas, que experimente uma fase negativa, que reconheça seus próprios limites, que não avance de vitória em vitória, mas também tenha seus fracassos. Um homem precisa dar-se conta de tudo isso para aprender a se avaliar de modo correto, a suportar os momentos negativos e pensar com os outros, a não simplesmente julgar tudo de cima e de modo apressado, mas aceitar os outros também em suas fraquezas e tribulações.

Ainda existe algum exemplar dessa qualificação, com as observações críticas de Schmaus, escritas com cores vivas?

Não, eu joguei fora. (*Risos.*)

Já naquela época?

Sim, naquela época.

De raiva?

Eu queimei.

6. ESTUDANTE, CAPELÃO, DOCENTE

Na estufa?

Sim, na estufa.

Após a aprovação naquele exame, o senhor primeiro foi nomeado livre-docente e, por fim, professor extraordinário. O senhor escreve em suas memórias que isso não acontece sem primeiro passar pelo fogo do tormento pelas partes interessadas. O que quis dizer com isso?

Era óbvio que havia pessoas que queriam impedir que eu fosse nomeado professor e me denegriram perante a direção. Quando me apresentei na audiência para a nomeação um diretor me tratou com desprezo. Assim, entendi que deveria ter recebido informações a meu respeito. Ele perguntou: "Há quanto tempo o senhor já ocupa a cátedra de professor?". Respondi: "Desde 54, ou seja, já há três anos, este é o quarto ano". Então, ele comentou: "Ora, então não nos resta alternativa senão nomeá-lo. Que coisa... mais um".

O que isso significa?

Eis aí outro que não combina de jeito nenhum; que entrou no processo porque quer um cargo público.

O que diziam para denegrir o senhor?

Que era incapaz, ou qualquer coisa semelhante. Não sei.

O senhor menciona em suas memórias que nem mesmo seu relacionamento com o arcebispo de Munique, cardeal Joseph Wendel, foi privado de complicações.

Essa é uma outra história. Primeiramente fiquei mal visto por ele devido ao artigo *Die neuen Heiden und die Kirche*, e se dizia que eu era herege e coisas do gênero. Mas aqui foi outra coisa. Nessa época, ou seja, no final de 1958, a Faculdade de Pedagogia de Munique-Pasing estava para ser elevada em nível acadêmico. Até então, os professores ainda não tinham a qualificação de livre-docência. E os muniquenses, com aquela mania de grandeza, que alguns sempre têm, haviam pensado em Pieper como professor de filosofia e as lideranças da época convenceram o cardeal de que, para que também a teologia fosse forte o bastante e pudesse fazer frente à filosofia, eu precisaria assumir a nova cátedra de Teologia. O cardeal, que tinha pouca visão do mundo acadêmico alemão, achou excelente e me disse que deveria assumir a cátedra na Faculdade de Pedagogia em Pasing e não ir a Bonn.

Josef Pieper era um excelente filósofo; teria sido uma solução interessante.

Apesar disso, era uma Faculdade de Pedagogia que não se enquadrava em meu carisma. Disse ao cardeal que não podia. Mas ele insistiu nisso e não me liberou para ir a Bonn quando, no entanto, é uma tradição alemã que um padre seja liberado automaticamente quando recebe convocação de uma universidade. Então, houve uma troca de cartas bem complicada entre nós. No final, contra sua própria vontade, acabou cedendo.

6. ESTUDANTE, CAPELÃO, DOCENTE

O senhor se opôs às ordens de seu bispo?

Não foi isso. Apenas não aceitei de pronto seu desejo inicial. Como já disse, havia na Alemanha a tradição de se liberar imediatamente a pessoa quando esta recebia convocação para uma cátedra universitária. O cardeal depois também não se negou a me liberar, mas disse: "Tenho algo mais importante para o senhor". Ele estava mal informado sobre a realidade dos fatos. Além disso, tinha a consciência segura de que eu não teria sido a pessoa adequada para aquele trabalho, pois era necessário falar com futuros professores que não eram teólogos, e era preciso tornar as coisas interessantes sem entrar em detalhes mais específicos. E isso não seria para mim.

E como o senhor conseguiu convencê-lo?

Bem, houve uma troca de cartas, que foi bastante cansativa e difícil. Acredito que o vigário-geral Fuchs, que via essa manobra com ceticismo desde o início, explicou para ele como funcionava. De qualquer forma, um dia o cardeal me disse que essa questão não lhe agradava, principalmente não gostava daquele artigo publicado em *Hochland* e tudo o mais, mas que não queria me impedir, e acabou me liberando.

Muito antes, ainda em Freising, o senhor começou a lidar com o protestantismo. Dentre seus alunos surgiram figuras importantes no âmbito ecumênico. O que atraiu o senhor nessa questão?

Certamente foi decisiva a herança de Söhngen. Söhngen veio de um matrimônio misto, por isso o diálogo com o protestantismo era para ele um problema existencial. Por isso, em suas aulas, nunca tratávamos apenas da tradição católica, mas sempre de um diálogo com os protestantes, especialmente à época com Karl Barth. Da minha parte, desde o início entendi que o diálogo com os protestantes fosse parte integrante da teologia. Por isso, já em Freising, fiz um seminário sobre a Confissão de Augsburgo [*Confessio Augustana*, os escritos confessionais fundadores da Igreja Luterana]. Visto dessa forma, era natural que a dimensão ecumênica fosse sempre parte de minhas aulas e seminários, e que meus alunos lidassem muito com essa questão.

Na colina da catedral de Freising, o senhor conheceu, por meio das leituras de Martin Buber, um representante do chassidismo místico. Foi esse seu primeiro encontro com o judaísmo?

Diria que sim.

O que o fascinou tanto em Buber? Mais tarde, o senhor até adquiriu gravações em vinil dele.

Admirava muito Martin Buber. Por um lado, era o maior representante do personalismo, do princípio dialógico, que permeia toda a sua filosofia. Claro que também li a *Opera Omnia* dele. Na época, ele estava um pouco na moda. Junto com Rosenzweig, retraduziu a Sagrada Escritura. Sua visão personalista e sua filosofia, que se alimenta da Bíblia, se tornam muito concretas em suas histórias chassídicas. Tudo nele me fascinava: a piedade judaica, na qual a fé é muito espontânea e ao mesmo tempo sempre atual, calcada no presente, seu modo de acreditar no mundo de hoje, a pessoa dele como um todo.

6. ESTUDANTE, CAPELÃO, DOCENTE

Entre suas leituras também está Hermann Hesse, por exemplo O lobo da estepe *e* O jogo das contas de vidro.

O jogo das contas de vidro li quando foi lançado, acredito que no início dos anos 1950. *O lobo da estepe* foi em Regensburg, ou seja, nos anos 1970.

O lobo da estepe *era a leitura dos hippies em São Francisco. O que o atraiu nesse livro?*

Foi a análise implacável da desintegração do ser humano que acontece em nossos dias. Fiquei cativado pela maneira como o autor expõe com clareza toda a problemática que permeia a pessoa. Em *O jogo das contas de vidro* – quando o li era ainda muito jovem e realmente vivia no mundo protegido da casa paterna –, me tocou a ideia de que o protagonista deve partir, que deve ir embora outra vez. É o grande mestre de *O jogo das contas de vidro*, mas mesmo para ele não há nada de definitivo. Há um encanto em cada começo, e ele precisa recomeçar do início.

7. Novato e astro da teologia

A convocação para Bonn muda tudo. Em suas memórias, parece um respiro, uma liberdade recém-adquirida. E pela primeira vez, o senhor vive sozinho. Quer dizer, não totalmente. De quem foi a ideia de levar sua irmã Maria consigo?

Dela e minha. Estava claro que eu precisava de uma pessoa que cuidasse das coisas da casa e essa era uma solução melhor do que procurar outra pessoa.

Nem todo mundo gostaria de ter irmãos tão perto.

Éramos apenas três, por isso fomos muito unidos desde pequenos.

Maria também acompanhou o senhor a outros locais de trabalho, inclusive em Roma, até ela falecer, em 1991. De certa forma,

7. NOVATO E ASTRO DA TEOLOGIA

foi a mulher que permaneceu ao seu lado. Quanto ela influenciou sua vida e sua obra?

Diria que não influenciou no conteúdo do meu trabalho teológico, mas com sua presença, o seu modo de viver sua fé, sua humildade, preservou o clima da nossa fé comum, aquela na qual crescemos, que amadureceu conosco e se manteve firme mesmo com o passar do tempo. Essa fé foi renovada acolhendo o Concílio mas se manteve firme. É, portanto, esta atmosfera de fundo do meu pensamento e da minha existência que sem dúvida ela contribuiu para formar.

No início, o senhor morava no seminário para teólogos Albertinum, entre os estudantes. Mais tarde, fixou residência na Wurzerstrasse, em Bonn-Bad Godesberg.

Aquela área tinha uma grande vantagem: ficava a dois minutos do ponto do bonde que passava a cada quinze minutos e me deixava diretamente na frente da universidade. Com o trem renano, era possível continuar viagem até Colônia. Além disso, estávamos a poucos minutos do rio Reno, era possível ir a pé até a Igreja do Coração de Jesus e a outros lugares interessantes. Eram passeios muito bonitos.

O senhor ainda gosta de passear.

Gosto. Na época, havia um médico no prédio, aliás, do qual nunca precisei. Do outro lado da rua havia uma farmácia, que também nunca usei. Dois minutos depois havia uma filial do banco Sparkasse. Era muito prático, pois o gerente sabia de cor todos os números de conta de seus clientes regulares. Quando eu entrava ele logo dizia: "Sua conta é essa e essa". Era ideal.

O que o senhor fazia em seu tempo livre no início? O senhor ia a cafés? Restaurantes? Ou o senhor não tinha tempo livre?

Bem, eu sempre passeava, na hora do almoço e no fim da tarde. No prédio mais próximo, viviam o professor Hödl com sua irmã, e havia ainda um professor de escola secundária. Sempre íamos até lá, ouvíamos discos, jogávamos ludo e coisas assim. Assim, nos ocupávamos bastante.

A imagem de que o senhor não é atlético deve ser corrigida: o senhor andou muito de bicicleta, não apenas quando criança e jovem, mas também quando foi professor universitário.

Sim, andava. Em Münster e depois também em Tübingen e Regensburg.

Também em Munique, como bispo?

Não, já não tinha essa coragem. Não ousei ser tão original.

E o senhor também caminhava muito.

Sim, muito mesmo.

Como e onde o senhor faz melhor suas reflexões?

Por um lado, na escrivaninha, mas quando preciso refletir em algo profundamente me estendo num sofá. Ali é possível refletir com tranquilidade.

O senhor sempre tem um sofá por perto?

Sempre preciso de um sofá.

Sua palestra inaugural foi em 24 de junho de 1959. O salão de palestras estava lotado. Ficou nervoso?

Não, eu tinha um bom texto.

O senhor era extremamente autoconfiante.

Talvez fosse um exagero dizer isso, mas eu sabia que o texto estava em ordem, por isso não precisava ficar nervoso.

Se considerarmos a conhecida foto de Freising, na qual está tranquilamente recostado ao púlpito como professor, a cabeça apoiada nas mãos, parece que o senhor em geral era bastante calmo.

Essa foto não é típica. Em geral, eu falava gesticulando muito. Apenas às vezes, quando vinha uma passagem tranquila, me recolhia naquela posição.

O tema de sua palestra inaugural era: "O Deus da fé e o Deus da filosofia". Foi predefinido?

Eu mesmo concebi esse tema. Foi assim: quando estudante, havia lido muito Pascal. Gottlieb Söhngen fez um seminário sobre Pascal, e claro que eu também havia lido o livro de Guardini sobre Pascal, no qual *Mémorial* é especialmente enfatizado.[1] Esse *Mémorial* trata do "Deus da fé", o "Deus de Abraão, Isaac e Jacó", em contraposição ao "Deus dos filósofos". Na época, era muito moderno julgar a perspectiva grega como um elemento inserido de modo equivocado no desenvolvimento do cristianismo. Em vez disso, desejava-se buscar a perspectiva bíblica original, o Deus vivo de Abraão, que fala ao homem, ao seu coração, e que, em comparação ao Deus dos filósofos, é muito diferente.

Um de seus temas fundamentais desde o início.

Sim, pois foi uma questão que enfrentei fortemente também em Santo Agostinho. No início Agostinho não sabia o que fazer com o Deus de Abraão, Isaac e Jacó. Lia com entusiasmo Cícero, os discursos filosóficos. Existe neles o entusiasmo pelo divino, pelo eterno, mas nenhum culto, nenhum acesso a Deus. Ele buscava isso, sabia que "devia ir à Bíblia", mas ficou tão apavorado com o Antigo Testamento que disse "com certeza não é isso". Sente as contradições com muita força, e em detrimento

---

1. O matemático e filósofo francês Blaise Pascal teve, no ano de 1654, uma experiência mística, que descreveu no que se tornaria seu famoso *Mémorial* (Memorial), um texto em tiras estreitas de pergaminho, que ele levava sempre consigo. Nele consta que Deus não seria encontrado por pensamento, não nas provas filosóficas da existência de Deus ("não o Deus dos filósofos e doutos"), mas seria uma experiência como o fogo, aludindo expressamente com suas palavras à história da sarça em chamas (Ex 3, 6: "o Deus de Abraão, o Deus de Isaac, o Deus de Jacó").

7. NOVATO E ASTRO DA TEOLOGIA

do Deus de Abraão, Isaac e Jacó, pois para ele essas histórias simplesmente pareciam implausíveis e indignas de fé. Ele se volta então à filosofia, adere então no maniqueísmo e somente depois descobre o que seria sua fórmula para o resto da vida: "Com os platônicos aprendi que 'No princípio era o Verbo'. Com os cristãos aprendi 'O Verbo se fez carne'. E apenas assim o Verbo chegou também a mim".

Significa que para Agostinho não era essencial a contraposição dessas duas linhas, mas a inter-relação entre as duas perspectivas?

Foi exatamente isso que me fascinou. Cheguei à conclusão de que precisamos do Deus que falou, que fala, o Deus vivo. Do Deus que toca o coração humano, que me conhece e me ama. Mas de alguma forma Deus precisa ser acessível à razão. O ser humano é uma unidade. E o que não tem a ver com a razão, mas corre totalmente ao largo, também não seria integrado na totalidade da minha existência, mas permaneceria em algum lugar como corpo separado.

Como isso funciona de verdade?, me perguntei. Aqui, o Deus da fé, lá o Deus dos filósofos, um excluiu o outro – ou são na realidade uma coisa só? Os filósofos gregos não queriam esse Deus abraâmico. Por outro lado, o Antigo Testamento não conhece originalmente o Deus dos filósofos. Na época compreendi que um caminho levava ao outro, sendo Alexandria seu ponto de encontro. Enfim, estava simplesmente fascinado pelo tema existencial, no qual a questão era: o que é exatamente minha fé? Qual o seu lugar na totalidade da minha existência?

No primeiro semestre em Bonn, o senhor sentiu, segundo consta de suas memórias, como que "uma festa do primeiro amor". O que o senhor quis dizer com isso?

Nesse semestre, por um lado, eu devia ensinar Filosofia da Religião – o que é religião, vista da perspectiva filosófica? –, por outro lado, o conceito da teologia: como se fundamenta a teologia? O que ela deve fazer? Qual é, por assim dizer, seu *métier*, sua fundamentação intrínseca? Eram as duas disciplinas que devia lecionar. As duas tocavam o tema central: como se pode justificar o ensino da teologia em uma universidade? Ela se encaixa em nossa universidade moderna? Ou é um corpo estranho, que permanece ali por acaso, como herança de uma história medieval, mas que realmente precisa ser extirpado?

Então, isso incluiria também outra questão que apareceu naqueles anos: o que é possível dizer filosoficamente sobre a religião?

O conceito de teologia era um tema que já havia tratado em Freising e não exigia muito trabalho. Também sobre filosofia da religião já havia dado algumas lições em Freising, mas o retomei da estaca zero, para a alegria dos alunos e também minha. O resultado foi um público numeroso, atento e receptivo. Viver esta aventura do pensamento, do conhecimento, este contínuo progresso e aprofundamento, por um lado, e por outro perceber a reação positiva do auditório, a resposta dos teólogos, para mim foi uma verdadeira festa; aprender e crescer com eles; fazer a eles tudo o que verdadeiramente desejas fazer a ti mesmo; dar-te conta de que os alunos entendem da mesma maneira e te seguem; ver que podes oferecer algo àqueles jovens e que o diálogo recíproco produz seus frutos...

7. NOVATO E ASTRO DA TEOLOGIA

"Atmosfera de recomeço", foi assim que o senhor a chamou.

Sim, correto. Tudo foi um novo começo. A universidade em Bonn havia sido destruída pela guerra, acabava de ser reconstruída, a biblioteca ainda estava incompleta. Por isso, o recomeço estava diante dos nossos olhos. Evidente que havia um reinício depois da guerra e então, na nova situação, se voltava a buscar a fé de um modo novo. A República Federal era ainda jovem, e nesse sentido a vida também estava no ponto de partida. A sensação de poder contribuir, com a Igreja, para recomeçar do início na fé, e com nosso Estado, era intensa, magnífica.

Passava muito tempo na biblioteca?

A biblioteca da universidade estava em fase de reconstrução. No entanto, tínhamos uma biblioteca no seminário, na qual passei muito tempo e onde, como diretor do seminário, podia eu mesmo adquirir os livros. Quando a biblioteca da universidade foi reaberta, talvez em 1961, eu gostava de ir até lá, pois havia o sistema moderno de empréstimo eletrônico que buscava o livro na prateleira. Para mim era uma grande novidade pedir os livros e imediatamente eles aparecerem ali, deslizando na nossa frente.

O senhor ficava até tarde da noite sobre os livros?

Não, não. Jamais gostei de trabalhar à noite, jamais.

Em suas memórias, o senhor escreve sobre uma grande plateia, "que absorvia com entusiasmo o novo tom que ela acreditava ouvir de mim". Suas aulas sempre ficavam cheias. Logo o senhor desfrutou da fama de nova estrela em ascensão no céu da teologia. Como desenvolveu seu estilo? Teve algum modelo?

Claro que, em Munique, crescemos dentro de uma filosofia moderna. Alguns professores introduziram o novo e nos abriram a essa nova perspectiva. Assumi esse tom para mim e tentei desenvolvê-lo segundo as minhas possibilidades.

Tinha Söhngen como modelo?

De alguma forma, sim. Claro que não poderia imitá-lo. Quer dizer, ele era renano e eu bávaro de corpo e alma. Nesse sentido, ele foi um grande estímulo interior e um modelo de estilo intelectual, mas não diretamente um exemplo que eu pudesse ter imitado.

O senhor criou o sistema de colóquios para orientar seus doutorandos, ao contrário da orientação pessoal.

Obviamente que também orientava pessoalmente os doutorandos e falava com eles. Mas tinha a sensação de que ali havia um grupo de pessoas que estavam no caminho comigo, que estavam no mesmo barco, que também deveriam aprender uns com os outros, de forma que todos pudéssemos aprender juntos. Por isso tinha a convicção de que para cada um deles esses colóquios seriam mais fecundos mesmo para o seu caminho pessoal.

Todas as suas intervenções nos trabalhos dos alunos foram escritas a lápis.

7. NOVATO E ASTRO DA TEOLOGIA

(*Riso.*) Sempre fiz assim. Quando criança, escrevia a lápis e assim continuei. O lápis tem a vantagem de que se pode apagá-lo. Quando escrevo à tinta, o que escrevi está escrito.

Como papa, o senhor escreveu a lápis, por exemplo, os livros sobre Jesus?

Sim, sempre!

Nunca a caneta?

Nunca.

Nessa letra pequena, que...

... com o passar do tempo diminuiu. Mas acho que isso é um processo que também acontece com outras pessoas.

O que chama atenção é: seus amigos e colegas mais próximos de Bonn são, na maioria, pessoas muito controversas, inconformadas, que se confrontaram com a instituição, com a Igreja. Obviamente o senhor não tinha medo de ser associado a eles.

Os tempos eram outros. Apenas muito mais tarde houve a separação daqueles que recusaram o Magistério e seguiram o próprio caminho e daqueles que disseram que a teologia poderia ser feita apenas dentro da Igreja. Na época, todos tínhamos ainda a consciência de que a teologia tem claramente uma liberdade e uma tarefa próprias, que por isso não pode ser totalmente submetida ao Magistério, mas também sabíamos que a teologia *sem* a Igreja se transforma num discurso em próprio nome – e perde o significado. Era considerado um jovem que abria novas portas, percorria novos caminhos, de forma que justamente as pessoas críticas se juntavam a mim.

Como Hubert Jedin, por exemplo, ou Paul Hacker. O historiador do Concílio, Jedin, foi um meio-judeu que, na época do nazismo, encontrou a proteção do Estado do Vaticano. O indólogo Hacker era ex-luterano.

O percurso de Jedin é muito interessante. Era considerado um historiador importante, de espírito independente, que teve uma postura de mera submissão ao Magistério. No entanto, quando viu que as pessoas estavam se afastando da Igreja, tornou-se um decidido defensor dessa mesma Igreja. Paul Hacker, por sua vez, era uma figura muito particular, que possuía um temperamento forte que o levava a brigar com seus interlocutores. Tinha uma inteligência enorme, porém explosiva.

É verdade que o senhor, após as objeções de Hacker, corrigiu seu texto a respeito do naturalismo que deveria ser impresso na publicação comemorativa sobre Söhngen?

Sim, não me lembro mais do conteúdo, mas é verdade, ele era um homem impressionante. Com ele era realmente possível discutir. Para começar, tinha um gigantesco dom para línguas. Falava com perfeição 18 idiomas e era tão perfeito em sânscrito que os indianos vinham estudar o idioma com ele. Era também um grande mestre, uma pessoa de cultura incrivelmente vasta: conhecia os Santos Padres, conhecia Lutero e dominava a história religiosa indiana desde suas bases. Sempre havia algo de novo no que escrevia, sempre se aprofundava nas coisas.

7. NOVATO E ASTRO DA TEOLOGIA

Dessa forma, dele somente era possível aprender... e, com ele, claro, às vezes, também discutir.

Certa vez, seus alunos reclamaram que o senhor falava nas aulas apenas sobre Hare Krishna e coisas assim.

Não, não, nunca falei de Hare Krishna, mas tratava do mito do deus Krishna, que apresenta paralelos surpreendentes com a história e a figura de Jesus e que é de imensa importância para o diálogo inter-religioso. Tive a tarefa de dar aulas de História da Religião e o hinduísmo era um grande capítulo desse curso. Para mim, conhecer Hacker naquela ocasião foi muito útil porque me forneceu indicações bibliográficas. De forma geral, se apresenta apenas o aspecto filosófico do hinduísmo, enquanto eu era da opinião de que também era necessário entrar nos aspectos da cultura e da mística. Em geral os estudantes receberam muito bem essa abordagem.

Esse tema fascinava o senhor?

Sim, claro. E fico feliz por ter feito isso à época, pois, quando o diálogo inter-religioso surgiu, de certa forma eu já estava preparado.

Dizem que sua amizade com Hacker também era cheia de tensões. No final, houve um rompimento?

Não diria isso. Na minha época em Regensburg, quando ele era um crítico ferrenho do Concílio, eu lhe escrevi uma carta muito dura para dizer que daquele jeito não era possível. Mas depois nós nos entendemos. Sabíamos que nós dois, ele

principalmente, mas eu também um pouco, éramos cabeças-
-duras e às vezes podíamos nos estranhar, mas que tínhamos
o mesmo objetivo.

*Certa vez ele reclamou que seu dinheiro todo era gasto com
telefonemas...*

Pode ser. Claro, ele não telefonava apenas para mim.

*É verdade que o senhor levou ao Concílio, por insistência de
Hacker, seu artigo* Gedanken zur Reform der Kirche *[Pensa-
mentos sobre a reforma da Igreja]?*

Não.

*Nesse artigo, ele falava de um pseudoecumenismo e alertou
sobre uma protestantização da Igreja Católica. Ele repreendeu o
senhor, dizendo que sua mariologia era muito discreta.*

Ele me fez diversas reprimendas, o que entre amigos é correto e possível. Como convertido, no início ele foi muito crítico
a Roma. O que mudou cada vez mais. Em vez disso, transformou-se num crítico do [teólogo Karl] Rahner e tornou-se cada
vez mais parcial, mais extremista nos seus juízos. Continuou
sendo uma pessoa estimulante, mas não é necessário ver tudo
incondicionalmente da forma que ele queria.

*Outro de seus colegas muito próximos em Bonn era Heinrich
Schlier. Ele renunciou a todas as promoções sob o comando de
Hitler e era membro da "Igreja Confessional" evangélica (em con-
traposição aos "Cristãos Alemães" evangélicos fiéis ao regime).*

7. NOVATO E ASTRO DA TEOLOGIA

Em 1942, ele teve suas publicações proibidas. Após a guerra, recebeu uma cátedra em Bonn para lecionar o Novo Testamento. Sua conversão à Igreja Católica em 1954, dele, que era o aluno preferido do principal teólogo evangélico, Rudolf Bultmann, foi um escândalo de primeira grandeza. Os antigos colegas não o aceitavam mais, e entre os católicos alguns o aceitavam, outros não. Schlier precisou renunciar à sua cátedra na Faculdade Evangélico-Teológica, mas continuou a lecionar na universidade. Entre seus escritos está Bekenntnis zur katholischen Kirche *[Confissão de fé da Igreja Católica], em que ele justifica com outros três teólogos evangélicos o caminho para a fé católica. Dizem que teve uma grande influência sobre o senhor. Por um lado tinha uma orientação histórico-crítica, por outro lado ela era totalmente espiritual.*

Não diria que foi uma grande influência única, mas teve muita influência sobre mim. Eu o considerava muito também como pessoa. Era, como já foi dito, evangélico de nascimento e aluno de Bultmann. Até o fim ele sempre respeitou muito Bultmann e aprendeu muitíssimo com ele, mas Schlier o ultrapassou imensamente – e se tornou, como ele mesmo dizia, um católico de um jeito tipicamente protestante: ou seja, apenas as Escrituras. Sua obra exegética – os comentários à Epístola aos Gálatas, à Epístola aos Efésios e à Epístola aos Romanos – é extraordinária e de reconhecido valor. E, ao mesmo tempo, ele era um homem muito espiritual. Nisso o senhor tem razão. A síntese de espiritual e histórico-crítico nele é única.

Quem é Sophronius Clasen, com quem o senhor também teve amizade nos tempos de Bonn?

Era um franciscano. Na época, havia quatro faculdades importantes dirigidas por ordens religiosas nas cercanias de Bonn, onde gente realmente boa lecionava. Em Mönchenglabach os franciscanos, em Walberberg os dominicanos, em Sankt Augustin os verbitas,[2] em Hennef-Geistingen os redentoristas[3]. O redentorista Joseph Barbel, estudioso de Patrística, era um homem extraordinário. Os verbitas eram famosos pelas pesquisas no campo da história das religiões; tinham até uma revista própria. Os dominicanos cuidavam das edições alemãs de Tomás de Aquino e também eram famosos. Os franciscanos tinham a revista *Wissenschaft und Weisheit* [Ciência e sabedoria]. E de lá vinha Sophronius Clasen, professor de Estudos Medievais ou de Dogmática, um grande conhecedor da teologia do século XIII e especialista em [São] Boaventura. Ele leu meu livro sobre Boaventura e me visitou. Então, surgiu uma amizade.

Esses anos podem ser considerados como um momento de florescimento da teologia alemã?

Sim, em muitos sentidos; basta pensar nesse círculo de quatro faculdades. Não havia "escolas de fundo de quintal", como se dizia na época. Havia realmente gente bem qualificada com quem era possível aprender. Nossa faculdade também

---

2. Membros da Congregação do Verbo Divino, fundada pelo padre alemão Arnald Janssen. (N.T.)
3. Membros da Congregação do Santíssimo Redentor, fundada por Santo Afonso de Ligório, na Itália. (N.T.)

tinha algo a oferecer: ali estavam Jedin, Klauser, Schöllgen e muitos outros. Nesse sentido, foi mesmo um período de grandes florescimentos. Havia uma consciência de que vivíamos um momento no qual tínhamos o que dizer.

Se olharmos Colônia e Bonn juntas, o senhor estava no centro do poder religioso-católico da jovem República Federal da Alemanha, com Konrad Adenauer como seu primeiro chanceler e tendo como adversário o político do SPD *Kurt Schumacher. O senhor estava, portanto, no coração do poder político do novo Estado.*

Pode-se dizer que sim. Adenauer passava sempre na frente da nossa casa quando vinha de Röhndorf e atravessava o Reno com a balsa. Alguns de nossos colegas conheciam muito bem o presidente da República, Heuss. Eu procurava não me envolver com política, mas percebia claramente que a Alemanha estava se refazendo, buscando para si uma nova forma. Tratava-se realmente do que a Alemanha deveria se tornar. As alternativas eram priorizar a liberdade ou priorizar a unidade. O grupo parlamentar de Schumacher defendia priorizar a unidade. A Alemanha não podia se unir ao Ocidente, mas deveria permanecer aberta e sem alianças para chegar à reunificação. Adenauer preferia o princípio de priorização da liberdade. Segundo ele a unidade existe apenas quando se tem liberdade antes. Ou seja, precisávamos nos unir ao Ocidente, pois apenas assim conseguiríamos um recomeço. Por isso foi chamado com o insulto de "chanceler dos Aliados".

Se comparado com a Alemanha de Bismarck, era um pensamento totalmente novo, enquanto a perspectiva de Schumacher prosseguia realmente a de Bismarck. Acredito eu que, na Alemanha, não se tenha suficiente consciência disso até hoje. Integrado-a no bloco ocidental, Adenauer deu uma nova ideia de Alemanha. Eu era favorável a essa posição. Tínhamos a sensação de que a Alemanha precisava ser reconstruída como Estado Alemão depois do fracasso das ideias bismarckianas, e de que também nesse sentido estávamos no início de um novo processo, de um renascimento no qual o cristianismo deveria ter papel fundamental.

O senhor conheceu Adenauer?

Pessoalmente não.

O senhor sempre foi atento à política?

Procurei nunca me engajar politicamente, mas pessoalmente sempre tive grande interesse na política e na filosofia que há por trás dela. Pois a política vive de uma filosofia. Não pode simplesmente ser pragmática, no sentido de "façamos alguma coisa". Deve considerar a totalidade. Isso sempre mexeu comigo. Além disso, o núncio do Vaticano na Alemanha, na época Corrado Bafile, morava perto de nós. O bom núncio veio até mim, jovem professor universitário, e me disse que seus jardins eram também meus jardins e ali me fez uma apresentação para que eu desse um parecer. Foi comovente que um homem que sempre fora arcebispo e tinha um alto cargo viesse até mim de forma tão humilde, com tanta cordialidade, para ouvir minha opinião. Por isso eu tinha também a sensação de ter um contato com Roma, embora nosso relacionamento tivesse permanecido sempre muito informal.

7. NOVATO E ASTRO DA TEOLOGIA

Em seus anos de Bonn, acontece o Caso Der Spiegel[4], dos primeiros escândalos que envolveram Franz Josef Strauss, depois da luta da esquerda contra o governo de Adenauer, da Crise de Cuba... O senhor tinha 35 anos na época.

Como já disse, essas coisas mexeram muito comigo, especialmente tudo o que se referia à Alemanha. Sempre fui um adenaueriano convicto. Se vivemos um longo período de paz, foi muito graças também a Adenauer. Dar prioridade à unificação teria contribuído para que provavelmente, cedo ou tarde, explodisse uma guerra.

---

4. O Caso Der Spiegel *[Der Spiegel Affäre]* refere-se ao escândalo que envolveu a famosa revista semanal *Der Spiegel*. A revista denunciou, em 1962, possíveis segredos de Estado relacionados a uma suposta manobra bélica da OTAN conhecida como Fallex 62 (*fall exercise*, exercício de outono), no caso de avanços da antiga URSS. Assim, foi acusada de traição, e essa acusação levou à ocupação das redações da *Der Spiegel* por forças policiais, bem como a mudanças jurídicas importantes para o fortalecimento da liberdade de expressão e também das jovens instituições democráticas alemãs. (N.T.)

8. Concílio Vaticano II: sonho e trauma

Entre os encontros fatídicos de sua biografia está a reunião com o cardeal Josef Frings. Foi em um concerto em Colônia-Gürzenich, como sempre se relata, ou por ocasião de uma conferência sobre a Teologia do Concílio em Bensberg?

Jamais estive com ele num concerto, mas fiz uma conferência sobre a Teologia do Concílio, em Bensberg, na Academia Católica, da qual Frings participou como ouvinte. Depois conversamos longamente andando pelos amplos corredores. Então, ele tomou coragem e me convidou para escrever o texto para a Conferência de Gênova para ele.

Frings era membro da comissão preparatória do Concílio. Recebia todas os esquemas preparatórios de textos, as chamadas "schemata", que repassava ao senhor para receber o seu parecer e propostas de melhoria. Qual foi sua primeira impressão dele?

8. CONCÍLIO VATICANO II: SONHO E TRAUMA

Já havíamos nos encontrado antes em Colônia: um professor deve se apresentar ao bispo da diocese em que exercerá a docência. Era um verdadeiro renano, originário de Neuss, com um jeito levemente irônico, com aquela alegria típica do pessoal de sua região. Ao mesmo tempo era nobre e gentil. E logo nessa primeira visita ficou claro que nos entenderíamos.

Mais tarde, durante o Concílio, o senhor gravava em fita as suas intervenções e o cardeal Frings memorizava na noite anterior o que falaria no dia seguinte na reunião. Devia ter uma capacidade incrível de memorizar textos. Em seu primeiro encontro ele já estava cego?

Quase. Em 1959, ainda conseguia ler, mas com esforço. Era preciso segurar uma lanterna sobre os textos para ele.

19 de novembro de 1961: dia do histórico discurso de Gênova, que teria dado uma nova orientação para o Concílio, diferente daquela que já teria sido definida pela Cúria. Frings foi convidado a falar sobre o tema "O Concílio e o pensamento moderno". O cardeal fez o discurso, mas o texto era seu. Frings apresentou algumas diretrizes precisas?

Não, ele me deu total liberdade.

E o senhor também não se consultou com ninguém? Com algum teólogo do Concílio, talvez? Por exemplo, Jedin?

Não, absolutamente. Por razões de discrição não poderia fazer isso. O próprio Frings já não podia fazer o discurso. Disse as primeiras frases em Gênova, e outra pessoa continuou a leitura.

Como autor desse texto tão importante, o senhor não sentiu uma curiosidade imensa e uma tensão quanto às reações? Como foi isso?

Sim, sim, naturalmente que sim.

Nem mesmo de o texto ser vaiado?

(*Risada*.) Não me lembro mais de quando vi o cardeal. Foi logo em seguida. Mas não me lembro de mais nada do que ele me disse.

Provavelmente lhe agradeceu. E ele também não escondeu que não era o autor.

Ele mesmo disse isso a todos (*gargalhada*).

O bispo Hubert Luthe, à época secretário de Frings, que o senhor conheceu em Munique no tempo em que ambos eram estudantes, descreveu para mim como foi o famoso encontro entre o cardeal e João XXIII. Depois do Discurso de Gênova, ele precisou ir a Roma várias vezes para a Comissão Preparatória. Lá, um dia, recebeu uma ligação. O Papa João XXIII queria falar com o cardeal Frings. "Busquei o cardeal por volta do meio-dia", relata Luthe; "ele pediu a capa e disse: 'Senhor capelão, ponha o mantinho vermelho em mim, talvez seja a última vez'." No entanto, o encontro com o papa transcorreu de forma bem diferente da temida. "Eminência", disse João XXIII, "preciso lhe agradecer. Li seu discurso naquela noite. Que feliz sintonia de ideias." Frings teria dito tudo o que o papa queria com o Concílio, mas não conseguia se expressar. "Santo Padre, não fui eu quem escreveu o

8. CONCÍLIO VATICANO II: SONHO E TRAUMA

texto, foi um professor mais jovem." E o papa comentou: "Senhor cardeal, minha última encíclica também não foi escrita por mim. O que conta é a mensagem que se comunica". Como o senhor soube desse episódio?

O próprio cardeal Frings me falou sobre a questão com João XXIII. Que havia sido convocado pelo papa e que ficou preocupado. Mas, tirando isso, não ouvi falar de tantas reações.

O senhor se encontrou com João XXIII?

Não. Cheguei ao Concílio em outubro de 1962, quando ele já estava muito doente.

Os atos preparatórios para o Concílio já estavam encerrados naquele momento. O senhor havia repassado todo o texto das "schemata" e dado seu parecer. Lembra-se do dia em que partiu de Roma?

Primeiro fomos aos túmulos dos bispos na catedral de Colônia, o cardeal Frings, Luthe e eu. Então, o cardeal olhou por muito tempo o lugar onde seria enterrado. Depois partimos para o aeroporto.

Os três ficaram alojados no Anima, o famoso Colégio Germânico de Roma?

O cardeal e Luthe ficaram no Anima [o Colegio Teutonico di Santa Maria dell'Anima], como também todos os bispos austríacos. Não havia mais lugar para mim. Por isso, o reitor providenciou um quarto no Hotel Zanardelli, que ficava bem na esquina. Mas a partir do café da manhã, da celebração da missa, eu ficava no Anima, exceto na hora da sesta, que, aprendi naquela ocasião, é importante em Roma. Até então eu não conhecia a sesta. Desse momento em diante, passou a fazer parte da minha vida. No segundo período conciliar, fiquei no Palazzo Pamphili, junto da Sant'Agnese, na Piazza Navona. Somente durante o terceiro e o quarto períodos é que fui para o Anima.

A vida romana agradou ao senhor? A Piazza Navona, por exemplo?

Para mim era tudo novo. Bem cedo passavam as crianças em seus uniformes, indo para a escola: não carregavam mochilas, mas os livros na mão, apenas com uma fita amarrada. Achei muito engraçado. Em todo canto tudo era alegre, as pessoas faziam compras, as barbearias ficavam cheias de clientes com espuma de barba no rosto. Todos os dias eu fazia meu passeio e conhecia os arredores, às vezes também com o cardeal. Ele já estava cego e precisava ser conduzido. Uma vez aconteceu me perder e não saber mais para onde ir. Foi uma situação constrangedora. "Como o senhor descreveria o lugar onde estamos?", perguntou o cardeal. Descrevi então uma estátua que ficava lá, a imagem de um político italiano. "Ah, é o Minghetti, então precisamos continuar por aqui e por ali."

Achava divertida e interessante a vida romana: aquela alegria, o fato de grande parte da vida acontecer na rua e tudo ser um tanto barulhento. No Anima era bonito conhecer tanta gente, os bispos austríacos, os jovens capelães do colégio. O cardeal Frings reunia cardeais de todos os lugares. O bispo Volk, um homem de grande intelecto e um grande organizador, convocava reuniões de grupos internacionais de bispos em seu apartamento na Villa Mater Dei, das quais eu também sempre participava. Ali conheci também Lubac...

Foi seu primeiro encontro pessoal com o jesuíta e teólogo francês que foi proibido de lecionar pela sua ordem?

Foi sensacional para mim simplesmente vê-lo pessoalmente. Era muito simples, muito humilde e muito bondoso. De início já parecia que éramos velhos amigos, embora houvesse uma diferença imensa de idade entre nós e uma diferença em nossos currículos, realizações de vida. Ele sempre foi muito cordial e realmente fraterno. Também Daniélou era um homem divertido [Jean Daniélou, cardeal francês]. Lubac certamente sofria muito na época. Havia levado um tiro na cabeça durante a Primeira Guerra Mundial, tinha muitas dores de cabeça. Mas nunca manifestou ressentimento em relação aos alemães.

Lubac participou da Resistência francesa durante a Segunda Guerra Mundial. Como o senhor se comunicava, em francês?

Français, oui.

Durante o período do Concílio em Roma, as pessoas também saíam em dupla? Os senhores diziam "venha, vamos tomar uma taça de vinho, uma cerveja"?

Em dupla não, mas em pequenos grupos, sim. Principalmente com os membros da Comissão Teológica. Com frequência saíamos para beber juntos no Trastevere.

Saíam para beber?

(O Papa solta uma gargalhada alta.)

Chegou a dizer a Henri de Lubac o que ele significava para o senhor? Que perspectivas ele abriu para o senhor, por exemplo, com seu Catholicisme *e com outros livros que, a partir da tradição, deram novo significado para a missão salvífica universal da Igreja Católica, contribuindo para fundar a* Nouvelle Théologie?

Na verdade, de alguma forma, ele não queria que as pessoas sentissem sua grandeza. Era muito simples e incrivelmente dedicado. Ainda lembro que certa vez, na Comissão Teológica, ele ficou muito doente, esteve de cama, mas pediu que lhe enviassem da biblioteca um livro do século XVI, de um autor sobre quem ele estava escrevendo, e ficou na cama com o livro, trabalhando.

Sem dúvida uma certa semelhança com...

Não, devo dizer que faz muito tempo que não me dedico assim. Também Congar [Yves Congar, cardeal francês] era incrivelmente dedicado. Na Comissão Teológica, ele nunca parava nos intervalos, mas continuava em seu lugar, trabalhando

Quais eram os teólogos que o senhor mais apreciava?

Diria que Lubac e Balthasar.

Falaremos ainda sobre Hans Urs von Balthasar. O que mais fascinava o senhor em Roma no cenário do Concílio?

Em primeiro lugar, simplesmente a universalidade do catolicismo, a multiplicidade de vozes, que ali pessoas do mundo inteiro se encontravam, todos estavam unidos no mesmo ministério episcopal, podendo conversar uns com os outros e buscar um caminho comum. Além disso, encontrar figuras da envergadura de Lubac, até mesmo falar com ele, de Daniélou, de Congar, para mim foi muito estimulante. Ou também discutir no grupo dos bispos. Ou seja, a pluralidade de vozes e o encontro com grandes personalidades que, além disso, tinham a responsabilidade de tomar as decisões foram experiências verdadeiramente inesquecíveis.

O senhor também participava das assembleias na Basílica de São Pedro?

Sim, a partir do momento em que me tornei teólogo oficial do Concílio; antes não, claro.

O senhor esteve pela primeira vez em Roma com seu irmão, já na Páscoa de 1962, e se hospedou com irmãs religiosas perto da São Pedro. Por que o senhor não fez essa viagem antes?

Devo dizer que, durante a universidade, nos transmitiram um certo ressentimento anti-Roma. Não no sentido de contestarmos o primado, a obediência ao papa, mas tínhamos certa reserva interior ante a teologia feita em Roma. Nesse sentido, havia uma certa distância. No entanto, eu não iria tão longe como um dos colegas, que disse: "Se pudesse, preferiria ir a Jerusalém a ir a Roma".

De qualquer forma, ninguém tinha uma vontade especial de ir até Roma. Além disso, nossas finanças não estavam lá muito saudáveis, ou seja, essa não era sequer uma possibilidade. Também as condições nas quais se viajava não eram extraordinárias como as de hoje: era necessário tomar o trem e a viagem era muito longa.

Como foi então a primeira vez? O senhor ficou entusiasmado, satisfeito?

Na época eu era bem tímido. Claro que fiquei entusiasmado com os grandes locais dos primórdios do cristianismo, as catacumbas, Santa Priscila, a Igreja de São Paulo dentro dos Muros[1], São Clemente; e também, naturalmente, a necrópole embaixo da Basílica de São Pedro. Mas não que eu me sentisse nas nuvens, mas porque a origem estava ao alcance da mão, a grandeza da continuidade.

Quando se viu pela primeira vez na Praça São Pedro, o senhor não pôs a mão no ombro do seu irmão e disse: "Aqui estamos nós, caro Georg, em nossa pátria, no centro da cristandade"?

Sim, mas nós, os Ratzinger, não somos tão emotivos. Não que não fosse impressionante. Antes de tudo, como se diz, o encontro com a continuidade das origens, ou seja, realmente a partir de Pedro e dos apóstolos. Por exemplo no Cárcere Mamertino, onde é possível reviver os primórdios do cristianismo. Mas

---

1. Pelo contexto parece referir-se na verdade à Igreja de São Paulo fora dos Muros, que é dos primórdios do cristianismo. A Igreja de São Paulo dentro dos Muros é na verdade anglicana, a primeira igreja não católica construída após a unificação italiana, em 1880. Mas o original, em alemão, cita realmente a Igreja de São Paulo dentro dos Muros. (N.R.)

8. CONCÍLIO VATICANO II: SONHO E TRAUMA

esse fascínio se expressa mais de forma intelectual e íntima do que, digamos, num grito de júbilo.

Essa viagem já foi uma preparação para o Concílio?

Ali já havia o entusiasmo que João XXIII havia suscitado. Desde o início ele me fascinou por sua total falta de convencionalismo. Eu gostava do modo como ele era tão direto, tão simples, tão humano.

O senhor era um adepto de João XXIII?

Sim, eu era.

Um verdadeiro fã?

Um verdadeiro fã, pode-se dizer.

Ainda se lembra de como e onde ficou sabendo do anúncio do Concílio?

Não, exatamente não. Certamente ouvi pelo rádio. Depois, naturalmente, discutimos entre nós, professores. Foi um momento tocante. O anúncio do Concílio logo levantou algumas questões – como vai acontecer, como farão para que seja conduzido corretamente? –, mas suscitava também grandes esperanças.

O senhor ficou do primeiro ao último dia, em todos os quatro períodos do Concílio?

Sim, sempre. Pois, nesse caso, os professores recebem uma licença temporária do Ministério da Educação na Alemanha.

Provavelmente, durante o Concílio, não tinha olhos para o turismo da cidade.

Também havia pouco tempo, estávamos muito atarefados. Todos os dias eu fazia meu passeio, mas ele se restringia aos arredores do Anima, onde, naturalmente, havia muito para se ver. A São Luís dos Franceses, a igreja nacional dos franceses na cidade, o Panteon, a Basílica de Santo Eustáquio, Sapienzia... Palazzo Madama. Mas não consegui ver muita coisa além disso.

O Concílio significava muito trabalho?

Também não quero exagerar. Quer dizer, não era de matar. Mas havia muito a fazer, principalmente por causa dos muitos encontros.

O senhor conseguia dormir?

Sim, sim. Para mim (*riso*) isso é ponto pacífico, que não troco por nada.

Como o senhor se comunicava? O senhor falava pouco italiano.

Pouco, sim. Bem, de alguma forma funcionava. Antes de tudo porque eu falava razoavelmente latim. Embora não tivesse estudado teologia em latim como os Germânicos [estudantes alemães de teologia, que frequentaram o Collegium Germanicum em Roma, fundado pelo papa Júlio III, em 1552]. Fazíamos tudo em alemão mesmo. Por isso, falar latim também era uma experiência completamente nova para mim, que limitava minha possibilidade de participação. Conhecia um pouco de francês, naturalmente.

O senhor não fez um curso de italiano?

Não (*Risos*.) Não houve tempo. Tinha muito a fazer.

O senhor levou consigo um dicionário?

Isso sim.

Ou seja, **learning by doing** *[aprender fazendo]?*

Exatamente.

De qual experiência o senhor se lembra com carinho especial?

No Dia de Todos os Santos viajamos com o cardeal para Capri. Antes, visitamos Nápoles, ou seja, as diversas igrejas e tudo o mais. Na época, o trajeto até Capri ainda era uma grande aventura, a bordo de um barco que balançava terrivelmente. Todos vomitaram, inclusive o cardeal, mas eu consegui me controlar. Depois, porém, foi muito bonito em Capri. Era mesmo de tirar o fôlego.

A qual turma o senhor pertencia na época, a dos progressistas?

Sim, diria que sim. Naquela época, progressista não significava ainda romper com a fé, mas aprender a compreendê-la melhor e vivê-la da forma mais correta, a partir das origens. Naquele tempo eu ainda acreditava que todos queríamos isso. Da mesma forma pensavam famosos progressistas, como Lubac, Daniélou e outros. A mudança de tom foi sentida já no segundo ano do Concílio e se configurou melhor nos anos seguintes.

Estudos recentes mostram que sua contribuição ao lado do cardeal Frings foi muito maior do que o senhor mesmo reconhece. Já mencionamos o Discurso de Gênova. Além disso, ainda antes da abertura do Concílio, há uma primeira apresentação para bispos de língua alemã no Anima, que foi uma espécie de **briefing.** *Segue a instrução de Frings de torpedear a votação das dez comissões do Concílio, que estava planejada para 13 de outubro, que favorecia os candidatos definidos pela Cúria romana.*

Sim, mas essa foi uma iniciativa totalmente dele. Não me envolvia nessas questões operacionais, técnicas ou políticas. Ele estava convicto de que os padres conciliares precisariam primeiro se conhecer para depois escolher os membros das comissões a partir de suas próprias fileiras.

Como isso realmente aconteceu? Frings não era conhecido como um revolucionário, de forma alguma.

Não, absolutamente não. Era conhecido por ser muito conservador e rígido. Todos ficaram surpresos e assustados por ele ter assumido um papel de liderança. Ele próprio via dessa forma, conversamos sobre isso. Uma coisa é, explicou ele, quando eu coordeno a diocese e sou responsável perante o papa e o Senhor pela Igreja local; outra coisa é quando somos convocados ao Concílio para governar com o papa e então assumimos uma responsabilidade própria, que não consiste apenas na obediência à cátedra papal, mas no questionar o que se deve ensinar hoje e como. Para ele, era um ato muito consciente. Ele diferenciava entre a situação normal de um bispo católico e a situação especial de um padre conciliar, o qual é responsável em tudo e por tudo nas tomadas de decisão.

Ele já chegou a Roma com ideias precisas?

Não diria isso, não. Ele me enviou todas as *schemata*, que eu certamente não considerei tão negativas como foram julgadas depois. Enviei várias correções, mas não toquei na essência – exceto no caso do Decreto sobre a Revelação[2]. Era possível melhorá-lo. Éramos da opinião de que a orientação fundamental estava lá, mas por outro lado havia muito que melhorar. Em primeiro lugar o Magistério[3] não devia ser tão dominante, era necessário dar maior peso à Sagrada Escritura e aos Santos Padres.

O senhor ganhou um papel determinante na assim chamada "reunião do golpe" no Anima, em 15 de outubro de 1962. Ali, foi

---

2. Que ao fim foi promulgado como Constituição Dogmática, recebendo o nome de *Dei Verbum* – Sobre a revelação divina. Os documentos do Concílio Vaticano II estão disponíveis no site oficial do Vaticano também em português. (N.T.)
3. É o encargo do próprio papa e de seus bispos de ensinar aos fiéis questões morais e dogmáticas da Igreja por meio de pronunciamentos, encíclicas e outros documentos. O Magistério divide-se em ordinário (feito continuamente e não imune a questionamentos, mas que deve ser reverenciado pelos fiéis) e extraordinário (pontual, exercido quando necessário pelo papa ou por todo o episcopado reunidos e, assim, infalível, imune a questionamentos da matéria dogmática). (N.T.)

apresentado, como alternativa ao texto-base romano, um texto alternativo, que também foi reproduzido ao mesmo tempo em 3 mil exemplares e distribuído aos padres do Concílio.

Falar em "reunião do golpe" é exagerado. Mas éramos da opinião de que havia a necessidade de mostrar uma visão sobre o tema "Revelação" diferente da que constava lá. O texto-base havia sido escrito ainda no estilo neoescolástico e não considerava o suficiente os avanços recentes. Para mim, "Revelação" era um tema que já havia abordado em virtude do meu trabalho de qualificação para a livre-docência. Nesse sentido, já havia contribuído, mas tudo a convite e sob a supervisão de Sua Eminência. Depois disso, fui acusado de ter enganado o cardeal ou algo assim, alegação que preciso realmente repudiar. Tínhamos a convicção de que estávamos ali para servir à causa da fé e da Igreja. E também estávamos convencido de que para esclarecer a correta relação entre Sagrada Escritura, Tradição e Magistério, e podê-lo realmente compreender e justificar, se devesse afrontar a questão de um novo ponto de vista conceitual, de um modo novo. E essa intenção depois foi acolhida.

Quantas pessoas participaram dessa reunião?

Consigo me lembrar de uma conversa apenas com cardeais e de outra com professores, mas não consigo dizer exatamente quantas pessoas.

Deve ter havido uma tensão enorme.

Não, não tínhamos na verdade consciência de que estávamos fazendo algo grandioso. Também não tomamos nenhuma decisão ali, mas desenvolvemos ideias. Não sei como isso se espalhou para todo o Concílio. Claro que fomos soterrados com as polêmicas, que o texto seria tipicamente maçom e coisas assim.

O senhor foi repreendido por isso?

(*Risos.*) Sim, sim. Embora realmente não houvesse desconfiança de que eu fosse maçom.

Foram seus argumentos, foi seu texto que o cardeal Frings apresentou em 14 de novembro de 1962, na Basílica de São Pedro, transformada em Aula [Auditório] do Concílio, e que colocou tudo de pernas para o ar. Com isso o texto-base original foi liquidado e o debate poderia realmente começar.

A questão da votação era muito complicada. Quem era a favor do novo texto deveria votar "não". E quem defendia o antigo precisava votar "sim". De qualquer forma, foi uma votação bastante apertada. Em si, venceram aqueles que defendiam a permanência do *schema* existente. Do ponto de vista legal, houve uma leve maioria pela permanência do texto-base apresentado. No entanto, o papa João XXIII percebeu que a maioria era muito pequena para se manter, e decidiu que a votação devia ser reaberta.

Dizem que houve aplausos estrondosos para o cardeal Frings na Aula do Concílio.

Eu não estava lá, mas não acredito nisso.

Não havia nenhuma cabine telefônica diante da Basílica de São Pedro, muito menos telefone celular. Na época, como as pessoas ficavam sabendo dos fatos?

Bem, depois da reunião, o cardeal voltou para casa, mas não recordo se foi ele mesmo que nos contou. Estávamos todos muito tensos para saber qual teria sido a decisão do papa. Ficamos muito felizes quando ele disse que, apesar da posição jurídica pura confirmar a permanência, recomeçaríamos o processo.

Sete dias depois, em 21 de novembro, teve êxito a retirada do schema *sobre as "Fontes da Revelação", que o senhor na época havia criticado duramente, dizendo que o texto era "determinado pela mentalidade antimodernista", que tinha um tom que se mostrava "frio, quase chocantemente frio". O senhor mesmo via essa retirada do texto-base como o verdadeiro ponto de virada do Concílio.*

(*O papa ri.*) Agora fiquei surpreso com o tom audacioso que usei na época. Certo é que foi uma verdadeira virada, no sentido de que um dos textos apresentados antes pela Cúria foi deixado de lado e houve um recomeço total da discussão.

Como foi o encontro com Karl Rahner? No início, os senhores desenvolveram juntos algumas propostas de textos. Ele era bem mais velho que o senhor, treze anos...

Acho que 23 anos, ele nasceu em 1904, e eu em 1927.

Claro, o senhor tem razão. Foi complicado trabalhar com ele?

Não diria isso. Era alguém que valorizava os jovens, os jovens teólogos. Para alguém como eu trabalhar com ele era um verdadeiro alívio. Tínhamos um ótimo relacionamento. Mas, enquanto trabalhamos naquele texto, percebi que pertencíamos a dois mundos diferentes de pensamento. Ele vinha totalmente da escolástica, o que para ele era uma grande vantagem, pois com isso podia entrar no contexto habitual das discussões com muito mais intensidade. Enquanto eu havia sido formado a partir do universo da Bíblia e dos Santos Padres.

Os senhores já se conheciam de encontros anteriores. Como foi a cooperação de forma concreta? Os senhores se sentavam em dupla à mesma mesa, ficavam no mesmo quarto?

Em 1962, ficávamos com mais frequência em duplas nos quartos, trabalhando com o texto. Depois, não houve mais essa cooperação tão estreita.

Os senhores podiam trabalhar em parceria num texto?

Quando se tinha a mesma ideia e a mesma intenção de fundo, então funcionava.

O senhor conheceu Hans Küng em 1957, num evento de dogmática em Innsbruck. Os senhores se encontraram no Concílio?

Sim, principalmente no início, mais tarde não. Às vezes, tomávamos café juntos na Praça São Pedro, na Via della Conciliazione. No entanto, ele não participou dos trabalhos da comissão, mas apenas conversava em particular com os grupos de bispos. Nesse sentido, eu sempre me encontrava com ele, mas não para assuntos de trabalho.

Küng reconheceu logo que era possível conseguir muitas coisas mesmo sem ser um participante, ao se colocar à disposição quase como um intérprete dos acontecimentos para os meios de comunicação e, com isso, ter mais visibilidade do que muitos outros que trabalhavam intensamente nos textos.

Sim, sim.

O Concílio foi anunciado em 25 de janeiro de 1959, e já em 1960 Küng publicou um livro com o título Konzil und Wiedervereinigung *[Concílio e reunificação]. Ele não contribuiu em nada durante o Concílio?*

No percurso, certamente conseguiu influenciar a opinião dos bispos, mas não participou na elaboração de textos conciliares.

Durante o Concílio o senhor conheceu o cardeal Montini, que mais tarde seria o papa Paulo VI?

Não, acho que não. Conheci-o pessoalmente apenas quando eu era arcebispo de Munique.

Certa vez, quando Montini havia se tornado papa e o senhor era professor em Regensburg, o criticou duramente quando ele não apenas suspendeu o uso do antigo missal, mas também imediatamente proibiu o seu uso.

Penso que "duramente" seja exagerado.

Aparentemente ele não o levou a mal...

Não.

Ou talvez sim, e como punição o transformou em bispo.

Não (*risos*). Não, ele tinha plena convicção de que eu estava fundamentalmente alinhado com ele: o que por sinal é verdade.

Os anos 1960 foram particularmente turbulentos. Houve a Guerra do Vietnã, o movimento hippie, a beatlemania, a revolução sexual... Os padres conciliares percebiam esses fenômenos?

Acho que esses acontecimentos começaram a surgir na primeira metade dos anos 1960, mas apenas na segunda metade se revelou completamente a sua clara importância. De qualquer forma, durante o Concílio não era assim, esses acontecimentos não dominavam a cena mundial. A grande virada se dá em 1968.

De qualquer forma, em 1963 é lançado Der stellvertreter *[O vigário], de Rolf Hochhuth, uma peça de teatro sobre o papa Pio XII e seu comportamento perante o nazismo. A discussão que se seguiu deveria ter feito a Igreja entender a força explosiva desse tema. Entretanto, ao invés de afrontar os temas do Holocausto, do fascismo e da cumplicidade da Igreja, debateu-se a culpa coletiva dos judeus na crucificação de Cristo. Essa omissão até hoje contribui para uma imagem negativa da Igreja. Por que não houve no Concílio o reconhecimento da importância desse debate?*

Ora, na época tínhamos consciência de que Pio XII havia protegido os judeus e víamos essa peça simplesmente como uma distorção maldosa que não merecia nenhuma atenção maior. Golda Meir, Ben Gurion e muitos outros agradeceram a Pio XII por seus atos em favor dos judeus. Ele era uma grande força, clara, positiva na consciência judaica. Apenas depois de Hochhuth essa consciência geral mudou aos poucos, e de repente havia uma visão da história nova, totalmente diferente; como se ele tivesse sido um operador do nazismo. Na época era algo tão absurdo que não se podia sequer debater.

Nesses anos, tivemos muitos encontros com judeus, e nenhum deles se expressou nesse sentido. No entanto, todos insistiram muito para que houvesse uma declaração do Concílio como forma de afirmação do relacionamento entre a Igreja e o judaísmo. Uma declaração que valorizasse o judaísmo e com isso desconstruísse os antigos preconceitos, que possibilitavam que uma peça assim pudesse acontecer. Isso era muito importante para eles. Então, chegou-se também a uma declaração conciliar que é reconhecida até hoje como um documento fundamental sobre essa questão. Também da parte de meus amigos judeus nunca houve o pensamento de que era necessário defender a Igreja ou explicar por que ela não fez mais.

Deixando Pio XII totalmente à parte – na visão de hoje, é totalmente incompreensível que o Concílio não tenha tratado do drama da Segunda Guerra Mundial, o drama dos sistemas ateus, dos ditadores no Ocidente e no Oriente, ao menos do ponto de vista atual.

Na época, a situação era totalmente outra. Havia a pressão gigantesca da União Soviética, que já havia engolido metade da

Europa. A crise cubana foi vista como o sinal de que a qualquer momento o mundo poderia explodir. Todos sabiam que Hitler era um criminoso, que a Alemanha havia feito coisas horríveis nas mãos de uma corja de bandidos. Mas a ameaça daquela época era tão forte que sob o peso do presente não se refletia mais sobre as questões do passado.

Seus livros sobre as fases das reuniões do Concílio foram suas primeiras publicações proeminentes. Foram até impressas em fascículos num jornal diário.

Sim, mas não foi um ato grandioso. Eram breves relatos. O primeiro foi uma apresentação que eu havia feito em Bonn, no grande auditório, que estava totalmente lotado. Foi realmente um acontecimento acadêmico. Era sobre informação e interpretação, que apresentava aos interessados o que realmente havia acontecido no Concílio. Havia tantos pedidos de contribuição que a voz autêntica de um participante e, em certo sentido, com certa responsabilidade no debate era desejável e também útil.

Não houve nenhuma furiosa voz contrária?

O bom Schmaus disse que eu era um teólogo adolescente e coisas assim. Mas, tirando isso, não ouvi nada do grupo dos teólogos alemães.

Em suas memórias, o senhor fala também sobre as "demandas excessivas do período do Concílio". Quando assumiu suas aulas no segundo semestre em Tübingen, o senhor estaria em um "estado de saúde bem ruim".

Foi no verão de 1966. Sim, era mesmo um grande esforço. Por um lado eu ainda estava em Münster, por outro também havia sido nomeado para Tübingen. Fiquei indo de Münster para Tübingen, o que não é algo simples viajando de trem. Exatamente no começo havia muito a se fazer em Tübingen, em uma universidade tão exigente, com uma audiência tão confiante. Por outro lado, Münster também era importante, portanto a nova carga de trabalho era pesada.

O senhor fala com frequência em suas memórias sobre seu estado de saúde. Por exemplo, o senhor declara, quando nomeado bispo de Munique, a seguinte frase: "Apesar de meu estado de saúde ruim ser conhecido por todos". Sempre houve situações problemáticas recorrentes no âmbito da saúde.

(*O papa ri.*) Mas é preciso ter cuidado, e as pessoas envelhecem.

O senhor já fez alguma operação?

Não. Recebi um marca-passo, mas não houve outras operações.

Isso faz quanto tempo?

Acho que foi em 1997.

O Concílio fez um ano, quando, em dezembro de 1963, na casa de seu irmão em Traunstein, sua mãe faleceu de câncer após longo período de sofrimento. O senhor chegou a tempo ao leito de morte?

Sim. Parti antes de Roma e cheguei a casa no Dia de Todos os Santos. Havia apenas ficado de cama. Se bem me lembro, não voltei mais a Roma. De qualquer forma, consegui acompanhar por várias semanas seu caminho até a morte.

Todos sabiam que o fim dela estava próximo?

Sim. Desde janeiro ela quase não conseguia mais comer. Depois de julho conseguia apenas tomar líquidos. Apesar disso, sempre conduziu os afazeres domésticos. No fim de outubro, teve um colapso fazendo compras em uma mercearia. A partir daí ficou claro que não dava mais.

O senhor, portanto, acompanhou, nos últimos momentos de vida, tanto seu pai, que faleceu em agosto de 1959, quanto sua mãe.

Para mim foi muito reconfortante. Para todos nós.

Seu posicionamento perante o Concílio mudou aos poucos. Em seu livro lançado em 1965, Ergebnisse und Probleme der 3. Konzilsperiode *[Problemas e resultados do 3º período do Concílio], consta o seguinte: "O Concílio e, com ele, a Igreja estão no caminho. Não existe nenhum motivo para cair no ceticismo e na resignação. Temos todos os motivos para ter esperança, alegria, paciência". Porém, no dia 18 de junho do mesmo ano, o senhor declarou, diante de uma comunidade de estudantes católicos em Münster, que as pessoas já começavam a "se perguntar se as coisas sob o regime dos assim chamados conservadores não estariam melhores do que poderiam ficar sob o domínio do progressismo". Um ano depois, em julho de 1966, o senhor faz um balanço no Congresso Católico Alemão [Katholikentag], em Bamberg, que expressa ceticismo e desilusão. E em uma aula em Tübingen, em 1967, o senhor alerta que a fé cristã estaria, a partir daquele momento, envolta "em uma névoa de incerteza, como quase não se viu antes na história".*

A história do Concílio exatamente aqui talvez conhece uma trágica ruptura intraeclesial que está presente ainda hoje?

Eu diria que sim. A vontade dos bispos era de renovar a fé e torná-la mais profunda. No entanto, outras forças sempre atuaram com mais empenho, especialmente jornalistas que deram uma interpretação totalmente diferente a muitas questões. Em algum momento, as pessoas se perguntaram: se os bispos podem mudar tudo, por que nós também não podemos? A liturgia começou a ruir e a rumar para as preferências pessoais. Nesse sentido, logo também se pôde ver que aquilo que se desejava positivamente era empurrado para outra direção.

Desde 1965, portanto, senti que era minha missão esclarecer o que realmente queríamos e o que não queríamos.

Como participante, como corresponsável, o senhor também não sente remorso?

Nós nos perguntávamos se havíamos feito a coisa certa. Essa foi uma pergunta que nos fizemos, especialmente quando tudo saiu dos trilhos. O cardeal Frings teve fortes dramas de consciência depois. Mas eu sempre tive a convicção de que tudo o que afirmamos e aprovamos era correto e não poderia ser diferente. Lidamos corretamente com as coisas, mesmo que não tenhamos avaliado corretamente as consequências políticas e as efeitos concretos das nossas ações. Durante o

Concílio pensamos muito no aspecto teológico e não refletimos o suficiente sobre os efeitos que nossas ideias teriam fora dali.

Então, foi um erro convocar o Concílio?

Não, isso com certeza foi um acerto. Bem, é possível se perguntar, claro, se era necessário ou não. E, desde o início, houve pessoas que foram contra. No entanto, estávamos num momento da Igreja em que se esperava simplesmente o novo, a renovação, uma renovação completa, não apenas de Roma, um reencontro da Igreja em nível mundial. Nesse sentido, o momento era exatamente aquele.

O objetivo do Concílio era, entre outros, um papa "que não apenas determinasse os textos de cima para baixo, mas ajudasse a formá-los por dentro", como o senhor se expressou na época. Essa nova fisionomia do primado deveria inaugurar um estilo de "colegialidade" entre o papa e os bispos, que reconduzisse "àquele espírito de simplicidade que é a marca de sua origem". Parece que, cinquenta anos depois, o senhor se conectou a esse ponto e tentou traduzir o espírito do Concílio na interpretação do ministério petrino, no estilo, na palavra, nas ações, e até mesmo na aparência do papa. Correto?

Sim, absolutamente.

9. Professor e bispo

Münster (1963-1966)

No verão de 1963, Joseph Ratzinger aceita o convite para ser professor na Universidade de Münster, cidade com cultura estudantil estabelecida. O jovem professor e sua irmã dividem um apartamento residencial de um andar na Annette-von-Droste-Hülshoff-Allee com vários estudantes da Baviera. Sempre almoçam juntos aos domingos – às vezes num local nas proximidades com o belo nome "Gasthaus zum Himmelreich" [Hospedaria do Reino dos Céus].
 A saída de Ratzinger de Bonn foi fruto de uma mudança no clima acadêmico. Por um lado, alguns de seus doutorandos estrangeiros tiveram problemas na faculdade; por outro lado, havia inveja e má vontade da parte de alguns colegas professores influentes perante o jovem teólogo do Concílio. Eles o isolaram, insinuou Hubert Jedin. O próprio Ratzinger viu na mudança "um caminho indicado pela Providência", ainda que a frase se referisse primeiramente a seus dois doutorandos, para os quais ele esperava melhores condições.

9. PROFESSOR E BISPO

Em Münster, suas homilias de Advento na catedral logo chamaram a atenção de todos. Em eventos de discussão, por exemplo, com Johann Baptist Metz e Hans Urs von Balthasar, ele se revela um moderador capaz de desembaralhar as coisas mais complexas e esclarecer os posicionamentos mais diversos.

Santo Padre, a saída de Bonn foi uma daquelas decisões solitárias que são tomadas de certa forma da noite para o dia, às vezes com base numa chateação?

Não. Obviamente, eu discuti a questão com o cardeal Frings, pois, como professor na faculdade de Bonn, era seu perito para o Concílio, e não podia automaticamente partir do princípio de que era possível continuar com essa função depois de aceitar a convocação de Münster. Com seu jeito paternal e de grande bondade humana, o cardeal me disse que, se era realmente mais importante para mim lecionar Teologia Dogmática que Teologia Fundamental, podia aceitar a cátedra de Münster. Mas disse também que se todavia quisesse sair somente porque estava chateado teria sido uma decisão equivocada. De fato, após uma longa reflexão entendi que poderia exprimir melhor a minha visão teológica no campo da Dogmática mais do que na Teologia Fundamental. Com essa razão positiva, finalmente aceitei o chamado de Münster.

Em Münster, o senhor encontrou um círculo de professores que se reunia em torno do filósofo Josef Pieper (1904-1977). Eles se encontravam todo sábado por volta das 15 horas na casa de Pieper, em Malmedyweg, 10. Era uma espécie de "clube de cavalheiros"?

(*Riso.*) Sim, ele se reunia todo sábado à tarde com o bispo Volk, com Lausberg, o romanista, e Beckmann, o latinista, e eu também entrei nesse clube na época. Tínhamos boas conversas, nas quais ele relatava principalmente coisas de suas viagens, de suas reflexões. Era um belo modo de promover a partilha de experiências entre colegas da mesma universidade em um momento de descontração.

Como esse círculo era orientado, como uma espécie de irmandade conservadora?

De maneira alguma. Na época, Pieper entendia a si mesmo, assim como eu, como progressista. Alguém que estava em busca do novo, por exemplo, com uma nova interpretação de Tomás de Aquino. Em suas aulas, ele fascinava os ouvintes. O que Guardini foi para Munique, ele foi para Münster. Apenas mais tarde viveu uma experiência semelhante à minha e à de Lubac. Vimos que exatamente aquilo que queríamos, essa novidade, acabava sendo destruído. Então, ele começou uma oposição enérgica a essa tendência.

Chegamos a Hans Urs von Balthasar, o grande teólogo suíço. Quando o senhor o conheceu?

Claro que eu já havia lido sobre ele quando estudante. Em 1949 estive em uma de suas conferências na Universidade de Munique. Já em Freising eu havia explorado alguns de seus escritos em minhas aulas. Porém, só o conheci pessoalmente em Bonn, em 1960. O livro de Alfons Auer, *Weltoffener Christ* [O cristão aberto ao mundo] tinha acabado de ser lançado. Balthasar considerava esse tipo de abertura ao mundo desastroso e convidou Alfons Auer, Gustav Siewerth, a mim e a mais alguém para discutirmos sobre isso em Bonn. Não sei por que ele me convidou também. Auer não foi, e por isso o objetivo da conversa não se concretizou. No entanto, a partir de então surgiu entre nós uma amizade.

No entanto, ele tem uma personalidade muito diferente da sua.

Ele era um verdadeiro aristocrata: alto, magro, nobre, com aquela reserva típica da aristocracia. Desde o primeiro momento nos entendemos muito bem.

O senhor sempre diz "Eu não sou místico", mas então fez amizade com um místico.

Sim, por que não?

Em 1965, o senhor já estava em Münster quando Von Balthasar recebeu lá o título de doutor honoris causa. *No mesmo ano, houve um encontro em Basileia. Seguiram-se uma intensa troca de correspondência e, nos anos 1980, telefonemas frequentes. Como era falar ao telefone com ele?*

(*Risos.*) Era normal. "Aqui é o Balthasar", ele sempre dizia em seu típico alemão com sotaque suíço. Sim. E então conversávamos ao telefone, como todos fazem.

O senhor o chamava de Urs?

Não, não. Não nos tratávamos informalmente.

Os senhores fizeram conferências em conjunto na Academia Católica de Munique, publicaram juntos um livro sobre Maria. Sua obra Dogma e anúncio[1] *é dedicada a Balthasar. Por sua vez, ele dedicou ao senhor a série de cinco livros* Skizzen zur Theologie *[Esboços sobre teologia]. O que havia de especial nesse relacionamento tão intenso?*

Encontrei-me com ele de verdade em 1961, quando a revista *Hochland* me enviou dois volumes de ensaios recém-lançados dele – *Verbum Caro* e *Sponsa Verbi* – para fazer uma resenha. Para resenhá-los bem, claro, precisei lê-los com cuidado. A partir daí, Balthasar transformou-se para mim num ponto de referência. Naqueles volumes havia a presença da teologia dos Santos Padres, uma visão espiritual da teologia, que nasce da fé e da reflexão, profunda e nova ao mesmo tempo. Não era algo tão acadêmico, com o qual no fim das contas não se pode fazer nada, mas uma síntese de erudição, de profissionalismo verdadeiro e de profundidade espiritual. Foram essas características que me conquistaram. A partir daí, estávamos profundamente ligados um ao outro.

Verdadeiras almas gêmeas?

Isso. Embora eu não pudesse acompanhá-lo em sua erudição. Mas a intenção íntima, a visão como tal, era partilhada.

O senhor não podia acompanhar sua erudição?

Não, de jeito nenhum. Realmente, não. É incrível o que o homem escreveu e fez. Não tinha o título de "doutor em

---

1. *Dogma e anúncio*. Tradução de Pe. Antônio Stefen. São Paulo: Edições Loyola, 2007. (N.T.)

teologia". Era germanista e sempre dizia, quando queriam escolhê-lo para alguma tarefa na comissão teológica: "Ora, eu não sou teólogo, não posso fazer isso". E depois dizia: "Ora, em Basileia, não temos uma biblioteca".

O relacionamento com Balthasar era apenas no nível científico-espiritual ou também no lado pessoal?

Essa última existia também. Por exemplo, uma vez ele me convidou para Rigi[2], numa casa que pertencia a algum seu conhecido rico e ficava à sua disposição. Passamos alguns dias nos Alpes. Quando íamos à missa, ele sempre levava um pacote de cartas, que jogava na caixa de correio. Ele as escrevia de manhã bem cedo, com sua bela caligrafia. Tinha uma incrível fluência na escrita. Também escrevia os livros dessa forma, simples assim. Depois sua secretária, a senhora Capol, lia tudo, corrigia eventuais erros e os preparava para imprimir.

Como seria possível imaginar esses dias a dois nas montanhas?

(*Risos.*) Bem, durante o dia trabalhávamos separados, almoçávamos juntos, depois saíamos para passear. Lá é possível caminhar sem precisar ser necessariamente um alpinista.

O senhor conheceu também Adrienne von Speyer, a sua companheira espiritual? Era médica, mística e de origem evangélica. Por exemplo, ela ditou suas visões sobre o Apocalipse a Balthasar, que as preparou para a publicação.

---

2. Hans Urs von Balthasar fundou a Comunidade de São João, em Rigi Kaltbad. (N.T.)

Não, ela não estava mais viva. Nos anos do Concílio, não consegui continuar em contato com ela. Só poderia voltar nos anos de Tübingen, mas ela já havia falecido.

A obra dela não o atraía muito?

A mim não, não. Nisso éramos muito diferentes. É preciso dizer que ela também era uma pessoa com características místicas.

Von Balthasar também criticou o senhor? Supostamente há uma declaração na qual ele diz: "Se Ratzinger não continuar se desenvolvendo, vai lhe faltar toda uma dimensão". Era uma questão de assumir a cruz como estrela-guia.

Ah, é? Onde está essa afirmação?

Acredito que seu ex-colega, Johann Baptist Metz, que me disse.

Ah, interessante. O senhor falou com Metz?

Falei.

E foi uma boa conversa?

Achei notável que ele tenha se questionado, já no fim da vida, se o conceito de Teologia Política que ele havia cunhado não havia sido um erro, se no fim das contas talvez não tenha sido tudo apenas uma coisa sem valor. Disse que àquele conceito foi atribuído um significado totalmente diferente em relação ao que ele entendia. Claramente se ressentia do fato de o senhor ter

9. PROFESSOR E BISPO

interpretado sua teologia dessa forma, como se fosse quase uma teologia vizinha ao pensamento de Ernst Bloch.

De fato era um pouco assim mesmo. E ele foi um pouco ingênuo. Além disso, me surpreendeu que tenha desenvolvido a Teologia Política em grande estilo como se fosse algo novo, aparentemente sem saber que Erik Peterson já havia publicado um artigo em 1935 sobre esse tema. O estudo surgiu a partir de uma disputa com Carl Schmitt sobre sua ideia de uma Teologia Política, e ele a criticou em seus fundamentos. Mas preciso acrescentar que Metz continua a oferecer grande estímulo para a teologia e tem um olhar correto sobre questões essenciais. Também sempre permaneceu na fé da Igreja. No mais, apreciei muito que, apesar de todas as diferenças, ele me convidou para ser o orador em seu aniversário de 70 anos.

Voltando a Balthasar e ao fato de que ele criticou o senhor...

Isso é totalmente possível. Ele era um homem de visão abrangente, e qualquer um pode enxergar algo que o outro não vê. Acho bem normal.

A partir de Münster, o senhor continuou participando do Concílio, suas aulas eram lotadas, as transcrições eram reproduzidas centenas de vezes e circulavam por toda a Alemanha. Mas depois de apenas três anos houve novamente uma despedida, agora para Tübingen, onde Hans Küng fez campanha pelo senhor. De alguma forma, a partida parece ser mesmo uma constante em sua vida. E, novamente, a despedida parecia totalmente incompreensível para amigos, colegas e observadores. Ou houve motivos que o senhor não divulgou até agora?

(*Risos*.) Não. Para mim foi realmente uma decisão difícil. Um dos motivos para a partida foi que, para mim, Münster era muito ao norte do país. Sou um patriota bávaro, e viver em Münster por muito tempo significava ficar longe da minha terra natal. Além disso, sabendo que meu irmão estava morando em Regensburg, eu sempre queria ir visitá-lo [Nesse meio tempo, Georg Ratzinger foi nomeado diretor musical da Catedral e diretor do "Regensburger Domspatzen", coro de meninos, mundialmente famoso]. De trem era uma viagem sem fim. O outro motivo foi que eu tinha a sensação de que, com a Teologia Política de Johann Baptist Metz, surgia um novo direcionamento que misturaria a fé com a política de maneira equivocada. E viver o tempo todo em polêmica na faculdade nunca foi para mim. Em nível pessoal eu me dava muito bem com Metz. Então, me pareceu mais correto ir para Tübingen e lá ingressar na tradição daquela universidade.

Como o senhor conseguiu avaliar que as condições em Tübingen seriam diferentes? Era uma cidade evangélica, onde os professores protestantes não necessariamente atenderiam a seus desejos. Justamente alguém que havia começado a criticar o Concílio.

Eu mesmo me surpreendo com a minha ingenuidade, embora eu tivesse um ótimo relacionamento com muitos professores da Faculdade de Teologia Evangélica. Havia pessoas realmente brilhantes ali, Otto Michel, Ulrich Wickert e outros. Martin Hengel ainda não estava lá na época. Bem, fiz uma avaliação ingênua, de que Küng, embora falando muito e dizendo coisas ousadas, no fundo quisesse ser um teólogo católico. Fez uma apresentação muito bonita sobre a unidade da Sagrada Escritura, que realmente foi muito positiva, e outras coisas. Não podia prever que depois ele se afastaria sempre mais.

Tübingen (1966-1969)

A mudança de Münster para Tübingen ocorre no velho Kadett Opel de Vinzenz Pfnür, seu "aluno ancestral", como o senhor o chamava. Por que o senhor nunca tirou carteira de motorista?

Nem eu mesmo sei...

Por que sua irmã tinha muito medo?

Não, não, isso não teria me impedido. Meu pai dizia que todos os três filhos precisavam tirar carteira de motorista. Nenhum tirou. Eu simplesmente não tinha tempo. E depois de confessar que a ideia de estar sentado ao volante de um automóvel me dava uma sensação estranha, dirigir um carro para lá e para cá pelo mundo também me parecia algo muito perigoso. Mas a história com o Kadett Opel não é bem essa. Lehmann-Dronke, um assistente, me levou de Tübingen para Regensburg num velho fusca, que foi inspecionado por um policial desconfiado de seu estado arcaico, mas tudo estava em ordem. Mas de Münster para Tübingen eu fui de trem.

O senhor gostou de Tübingen à primeira vista. O senhor fala do "encanto da cidadezinha suábia", pela qual nutria "fortes sentimentos".

Bem, ela é realmente bela. A praça do mercado, com a igreja evangélica, então o "Gôgen" [o antigo bairro de vinhedos de Tübingen na cidade antiga], os gramados ao lado do rio Neckar e tudo o mais. Da minha casa eu conseguia ver a capela de Wurmling, que ficava bem em frente.

Seus alunos descreviam o senhor em Tübingen como muito acessível, apesar de falar pouco.

Não sei disso (*risos*). Mas é verdade que não sou muito falante. Meu irmão é totalmente diferente.

Parece ter sido um princípio para o senhor sempre trabalhar com as pessoas que tivesse à disposição. Por isso, não tinha um círculo de alunos homogêneo, pois ninguém era excluído.

É sempre bom quando há diversidade.

O senhor sempre começava seus colóquios de doutorandos com a Santa Missa, o que em Tübingen era visto como bastante exótico. Certa vez, o senhor visitou com os alunos o teólogo protestante Karl Barth, na Suíça. Como surgiu esse relacionamento?

Desde Gottlieb Söhngen eu era, por assim dizer, um barthiano, mesmo que crítico. Ele estava entre as referências em teologia com as quais cresci. Por outro lado, a conexão veio por meio de Balthasar, que era um grande amigo de Barth. E assim fomos até lá. Ele já era um homem muito idoso. Não tivemos conversas profundas, mas encontrar com ele foi algo bonito.

O senhor o admirava muito?

Sim. E a estima era recíproca. Durante minha viagem à Alemanha, em 2010, o presidente [da Congregação Evangélica renana, Nikolaus] Schneider me disse que Karl Barth sempre lhes recomendava: "Leiam Ratzinger!".

No passado, o senhor também leu Sartre?

Sartre era alguém que precisávamos ler. Ele escreveu sua filosofia em grande parte num café. Por isso ela é pouco profunda, mas mais penetrante, mais realista. Traduziu o existencialismo de Heidegger para o mundo concreto. Ali, vemos as alternativas de um jeito muito mais claro. Pieper trabalhou muito bem com ele.

Em Tübingen o senhor teve contato com Ernst Bloch?

Certa vez, fui convidado para ir à casa de Bloch, com um grupo bem pequeno, seis, sete pessoas, talvez. Devo dizer que foi curioso. Havia ainda um árabe lá, que talvez eu tivesse levado. De qualquer forma, alguém tinha um narguilé, e Bloch disse: "Fazia tempo que eu queria experimentar um desses". Mas no fim ele viu que não tinha jeito com a coisa. (*Risos.*)

E como o senhor teve a honra de receber esse convite?

Agora não recordo mais, não saberia dizer.

Sua irmã teve problemas no contato com os professores?

Olhe, ela não gostava muito desses tipos tão estranhos. Mas sempre convidávamos alguns para ir a nossa casa, Küng e outros. Ela gostava bastante.

Ela era mais reservada?

Sim, sim, era.

Era um problema para o senhor?

Não.

Não se pode dizer que sua irmã tivesse muita vida social.

Não, com certeza não mesmo. Mas também não sentia necessidade.

Em Tübingen, o senhor adquiriu sua primeira televisão. Seu irmão Georg diz que foi por causa de seu "vício em noticiários".

(*Breve risada.*) Não, eu não queria na verdade, mas fiquei muito amigo do capelão responsável pelos estudantes, Starz, um homem muito bom. Um dia ele me procurou e disse: "Olhe, hoje nós vamos comprar uma televisão". Na verdade, foi num supermercado. Lá as pessoas compravam salsicha, carne, e entre as latas de carne e de conservas ficavam alguns televisores. Então compramos um que não era do último tipo.

9. PROFESSOR E BISPO

Em 1968 é lançado seu livro Introdução ao cristianismo[3]. *A peculiaridade é que o texto não foi pensado inicialmente como livro, ou foi?*

Foi. Já em Bonn o diretor da editora Kösel, o doutor Will, disse que eu deveria escrever um livro sobre a essência do cristianismo. Ele sempre voltava a esse assunto, sempre insistia muito. Em Tübingen, Küng e eu tínhamos aulas alternadas no curso principal. Um semestre eu dava as aulas, e no outro ele lecionava, e eu ficava livre. Num desses semestres achei que era o momento; daria aquela matéria como aula e, depois, ela poderia se transformar num livro.

Então Introdução ao cristianismo *não surgiu dos apontamentos de seus alunos?*

Não. Primeiro redigi numa estenografia própria, depois ditei e, em seguida, retrabalhei.

A obra já se tornou um clássico e alcançou inúmeras edições no mundo inteiro. Impressionou gerações de leitores, especialmente Karol Wojtyla, mais tarde papa João Paulo II. O sucesso desse livro surpreendeu o senhor?

Sim, claro.

Ninguém contava com isso.

Não, na verdade não. E ele vende ainda hoje.

---

3. *Introdução ao cristianismo* – Preleções sobre o símbolo apostólico. Trad. de Alfred Keller. Edições Loyola, 2000. (N.T.)

E vai continuar assim por muitas décadas. O senhor escreve numa estenografia própria, com abreviações especiais. Alguém contou que para uma longa palestra basta para o senhor uma folha A4. O senhor também escreveu os livros sobre Jesus em estenografia?

Tudo. Do contrário, eu precisaria de muito tempo para escrever. Isso me faz lembrar do Rahner, como escrevíamos. Ele suspirava: "Olhe, é bem chato escrever isso aqui". (*Risos.*) Então a estenografia é muito melhor.

Em 1968, em Tübingen, o senhor tinha um bom relacionamento com o teólogo suíço Hans Küng, que o perseguiu durante décadas com calúnias e difamações – por exemplo, que o senhor era sedento por poder, teria criado um sistema de vigilância como o da Stasi[4] e queria até mesmo governar após sua renúncia como "papa das sombras". No entanto, ele tinha um estilo de vida totalmente diferente do seu. Enquanto o colega andava por aí de Alpha Romeo, o senhor continuava a pedalar sua bicicleta antiga. Comparado ao senhor, ele era mesmo um Grande Burguês.[5]

Ele era de uma origem totalmente diferente, claro, de Sursee, sua família tinha uma loja de sapatos, uma casa burguesa nobre. Era de um nível diferente do meu, sem dúvida. Tinha um perfil completamente diferente do meu.

---

4. Polícia política alemã da Alemanha Oriental. (N.T.)
5. Grande Burguês era um título alemão que remonta à Idade Média. A grande burguesia permaneceu como classe social legalmente definida até o início do século XX. (N.T.)

Uma de suas frases recorrentes era: "Concordo com o colega Küng". Por sua vez, Küng dizia: "Sou fundamentalmente da opinião do colega Ratzinger". Os senhores foram organizadores de uma série de livros, na qual também foi lançada a obra de Küng, Die Kirche [A Igreja].

Aquele foi o momento em que senti claramente que não dava para continuar daquela forma, e foi quando também me retirei da organização da coleção. Esse livro ainda foi editado por mim, mas acho que foi o último.

Para quem o senhor declarou essa saída?

Escrevi dizendo que não queria mais ser co-organizador.

Escreveu para Küng?

Talvez também para o editor da Herder. Não recordo mais.

Sem motivação?

Não era necessário.

Küng deve ter recebido isso como uma afronta.

Nunca brigamos, mas também vimos – talvez eu de forma mais clara que ele – que as coisas já rumavam para caminhos opostos.

Na atmosfera tensa daquele ano de 1968, foi lançada também, em 25 de julho, a encíclica Humanae vitae, *de Paulo VI, conhecida também como "encíclica da pílula". O que o senhor achou dela na época?*

A *Humanae vitae* foi para mim, na minha situação à época e no âmbito do pensamento teológico, um texto difícil. Estava claro que ali estava dito o que era substancialmente válido, mas o modo de argumentação para nós, na época, também para mim, foi insatisfatório. Analisei a partir de um ponto de vista antropológico mais abrangente. Na verdade, o papa João Paulo II depois complementou o ponto de vista do direito natural da encíclica com sua visão personalista.

No decorrer de sua vida, Hans Küng, como já foi mencionado, emergiu como um poderoso adversário do senhor. Não como no caso de Mozart e seu concorrente, Salieri, mas o senhor deve agradecer ao ex-colega a fama negativa que recebeu, mesmo depois de sua eleição, em 2005. O que há por trás disso?

Bem, seu caminho teológico tomou outro rumo e ele se tornou cada vez mais radical. Eu não podia, não devia acompanhar aquilo. Não sei por que exatamente fui escolhido como adversário, pois outros também escreveram em oposição a ele, a começar por Rahner.

As hostilidades entre os senhores ainda se mantêm, até o fim.

Devo supor que sim.

9. PROFESSOR E BISPO

O senhor trabalhou no Concílio com Karl Rahner, Hans Küng recomendou o senhor para a cadeira em Tübingen, por sua vez o senhor anunciou o esquerdista Metz como seu sucessor em Münster. O senhor em algum momento decidiu por mudar de lado? O que aconteceu?

Vi que a teologia não era mais a interpretação da fé da Igreja Católica, mas passou a estabelecer por si mesma como ela poderia e deveria ser. Para mim, como teólogo católico, isso não era compatível com a teologia.

Nessa época, houve uma petição de suspensão do celibato, que o senhor assinou. Foi um deslize?

O documento foi elaborado por Rahner e Lehmann e discutido na Comissão de Doutrina da Conferência dos Bispos da Alemanha, na qual estávamos juntos. Era algo tão intrincado, como são as questões de Rahner, que de um lado representava uma defesa do celibato, e por outro tentava manter aberta a questão para continuar a refletir sobre ela no futuro. Então assinei mais por amizade pelos outros. Claro que não foi uma decisão muito acertada. Mas eu não diria que foi uma exigência de abolir o celibato. Era um típico texto rahneriano, formulado por meio de uma intrincada conexão de frase afirmativas e negativas que se poderia interpretar como sendo a favor ou contra a questão.

O senhor sempre ressaltou que, de sua parte, não houve uma mudança radical em relação ao seu pensamento das primeiras fases.

Acho que qualquer um que leia meus escritos poderá comprová-lo.

Começa a fase agitada da rebelião estudantil, com os sit-ins, os bloqueios das aulas, greves. O senhor vivenciou de perto as manifestações nas ruas?

Não.

Com sua aparência jovial, poderia muito bem se passar por estudante.

Pode ser. (*Riso*.) Na época eu era muito ligado ao reitor da Faculdade de Direito, Peters, cujo gabinete de trabalho ficava próximo ao meu. Aliás, na época ingressei naquela organização Freiheit der Wissenschaft [Liberdade da Academia], na qual Hans Maier conseguiu me incluir[6]. Tínhamos uma cooperação estreita com colegas que queriam colocar ordem naquela bagunça toda.

A rebelião estudantil foi realmente um trauma para o senhor, como Hans Küng não se cansava de divulgar?

De jeito nenhum. Nunca tive nenhum problema nas minhas aulas. Ainda assim, vivenciei de forma dramática o terror que havia na época.

Em 1970, Hans Küng relacionou seu polêmico artigo **Unfehlbar** *[Infalível] com a publicação da encíclica* **Humanae vitae**. *Foi a partir desse período, quando o senhor questionou se naquele*

---

6. Considerada politicamente conservadora, a Bund Freiheit der Wissenschaft [Associação Liberdade da Academia] foi fundada em 1970 como reação ao movimento estudantil e para a defesa da democratização do ensino universitário. (N.T.)

9. PROFESSOR E BISPO

livro o colega ainda poderia se definir como católico, que os laços finalmente se romperam?

Sim. Claro.

Em que medida o senhor contribuiu para que a Missio Canonica *[licença eclesiástica de ensino] de Küng fosse revogada em 1979?*

Não tive relação direta nenhuma com isso. Nos anos anteriores, às vezes pediam para que desse minha opinião, e eu sempre disse: deixem o homem em paz. Era necessário esclarecer que o que ele fazia não era teologicamente correto, mas nunca aconselhei que fossem tomadas medidas contra ele. O cardeal Franjo Šeper, meu predecessor na Congregação para a Doutrina da Fé, ficou profundamente indignado porque nada acontecia. Ficou realmente irritado. "Estou aqui há quinze anos", disse ele, "a Igreja vai ser destruída, e nós não faremos nada. Se acontecer de novo, vou dar um basta." Chegou a um ponto em que ele não tinha mais paciência e não conseguia apaziguar sua consciência vendo que nada acontecia. João Paulo II então convidou os cardeais alemães – Höffner, Volk e eu –, bem como o arcebispo de Freiburg e o bispo de Rottenburg-Stuttgart (era época de Natal), para discutir a questão com ele. Mas a decisão já estava tomada. E nós, com abstenção de voto do bispo de Rottenburg, dissemos que ele não poderia mais mudar nada, que deveria ser firme.

Küng foi julgado, como ele diz, sem ser ouvido pelas autoridades ou ter acesso aos autos de seu processo, como sustenta?

Não. Na época eu ainda não estava em Roma, mas já havia procedimentos que foram respeitados. Os autos do processo como tal não são colocados à disposição, mas ele já sabia como essas coisas aconteciam, foi questionado e teve oportunidade de responder.

REGENSBURG (1969-1977)

Finalmente tudo ficaria bem. O jovem professor está de volta a sua Baviera querida, para a alegria sobretudo da sua irmã Maria e do seu irmão Georg. Ratzinger é eleito diretor da Faculdade Católica e, em 1976, vice-reitor da universidade. Sonha em ampliar sua obra teológica. Nesse período, foram lançados trabalhos importantes como Das Geheimnis von Tod und Auferstehung *[O mistério da morte e da ressurreição] e* Das neue Volk Gottes *[O novo povo de Deus].* Entwürfe zur Ekklesiologie *[Questões eclesiológicas], no qual Ratzinger discute, entre outros, a "colegialidade dos bispos" e a "renovação da Igreja". Agora, ele consegue desenvolver principalmente temas como a morte e a imortalidade, a vida eterna, o retorno de Cristo e o Juízo Final. Seu livro* Eschatologie *[Escatologia], dedicado a essa temática, é definido por ele como sua obra mais bem trabalhada.*

O senhor não ficou por muito tempo em lugar nenhum. Talvez como um solitário, que nem sempre se encaixa. O senhor saiu de Bonn, de Münster, então de Tübingen.

De qualquer forma, fui prefeito[7] de 1982 a 2005.

---

7. Joseph Ratzinger foi prefeito da Congregação para a Doutrina da Fé, um dos principais Dicastérios (departamentos) da Cúria Romana, responsável pela "salvaguarda e promoção da fé em vista do bem das almas", de novembro de 1982 a abril de 2005, quando é eleito papa. (N.T.)

Mas o senhor quis parar depois do primeiro período.

Mas ora, já estava bem claro que isso não aconteceria (*riso*).

Em Regensburg, onde o senhor quis permanecer, não pôde. Teria sido a felicidade de sua vida?

Podemos dizer que sim, claro.

O senhor se instalou em Regensburg, construiu uma casa para si e para seus irmãos, mas foi tirado de lá abruptamente. O senhor ficou chocado quando o núncio trouxe pessoalmente a notícia de que o papa queria nomeá-lo bispo de Munique. Choque e incompreensão não apenas porque não mais ensinaria teologia, o que o senhor via como sua verdadeira profissão, mas também porque deveria conhecer lugares mais elevados, como o senhor mais tarde expressou, "minha animosidade perante tarefas de liderança e administração". Essa foi a grande ruptura de sua vida, o fim de seus sonhos?

Sim, mas também sabemos que não se pode viver de sonhos.

Depois de uma noite lidando com essa questão, o senhor assinou a declaração de consentimento num quarto de hotel em Regensburg. Em qual hotel foi isso?

Foi no... meu Deus, como se chama mesmo? Quando o senhor vem da estação de trem, já na cidade... de qualquer forma, ficava no lado direito. Nem sei se existe ainda.

Seu padre confessor, com quem o senhor se aconselhou nessa noite dramática, foi o professor Johann Auer, um homem, assim o senhor escreve em suas memórias, "que conhecia de forma muito realista meus limites teológicos e também humanos". O que o senhor quis dizer com "limites humanos"?

Ora, ele achava que eu... bem, como vou dizer?... ainda tinha muito a aprender, que eu ainda não estava pronto, que eu tinha problemas. Éramos amigos, mas exatamente como amigo ele também me passava alguns sabões fraternais... justamente porque ele, sim, também tinha visto meus limites.

Mas ele incentivou o senhor a dar aquele passo.

Isso foi engraçado. Eu esperava que ele dissesse: "Não, você não pode!". Porque ele sempre dizia "isso não!" ou que eu fazia isso e aquilo errado e assim por diante. Por isso pensei que ele me diria: "Isso não é para você!"

É possível que esses limites humanos fossem a timidez do senhor?

Talvez não fossem. Por outro lado...

Seu jeito reservado, disse um de seus ex-assistentes, chegava ao ponto de ser necessária uma grande habilidade para arrancá-lo da gaiola de vidro.

(*Risos.*) Isso é um pouco exagerado.

9. PROFESSOR E BISPO

De qualquer forma, com Auer o senhor tinha alguém com quem podia conversar abertamente, inclusive sobre coisas muito pessoais.

Sim, sim.

Munique (1977-1982)

Depois de quase 25 anos de atividades como professor em universidades alemãs, o doutor Joseph Ratzinger é nomeado o novo arcebispo de Munique e Freising por Paulo VI, em 25 de março de 1977. Na capital bávara, as pessoas o conhecem como um dos mais eloquentes analistas da sociedade, que oferece uma contribuição evidente às questões éticas do presente. Seus sermões são altamente solicitados. São lançados os volumes Eucharistie – Mitte der Kirche *[Eucaristia – Coração da Igreja],* Christilicher Glaube und Europa *[Fé Cristã e Europa],* Glaube – Erneuerung – Hoffnung *[Fé – Renovação – Esperança], subtítulo:* Theologisches Nachdenken über die heutige Situation der Kirche *[Reflexões teológicas sobre a situação atual da Igreja].*

Em 6 de agosto de 1978, morre Paulo VI. No conclave seguinte, depois de um encontro bastante breve durante o sínodo um ano antes, acontece o primeiro encontro pessoal com Karol Wojtyla, o cardeal de Cracóvia. Quais são suas lembranças desse encontro?

Foi assim: ele falou algumas vezes no pré-conclave, o que me impressionou bastante. A impressão que eu tinha dele era a de uma pessoa reflexiva, com uma formação filosófica significativa. Além disso, uma pessoa especialmente devota, fiel, cordial e bondosa. Isso se confirmou no primeiro encontro pessoal. Um homem culto e dotado de senso de humor, de humanidade, de uma fé cordial.

Como os senhores se comunicavam?

Em alemão. Ele falava alemão muito bem. Era seu primeiro e melhor idioma estrangeiro, que havia aprendido desde a primeira série do ginásio.

Karol Wojtyla, primeiramente bispo auxiliar, depois arcebispo de Cracóvia, foi integrante do Concílio, como o senhor. Os senhores não se encontraram em Roma?

Não no Concílio. Mas eu já tinha ouvido falar dele. Sabia que era filósofo, que havia falado no Congresso de Filosofia em Nápoles.

Do conclave em agosto, Albino Luciani surgiu como João Paulo I, o "papa do sorriso", como logo ficaria conhecido. Mas 33 dias depois a Igreja Católica precisou novamente sepultar um papa. De novo foi convocada a grande assembleia dos eleitores. Como cardeal de Munique, o senhor participou dos dois conclaves. Algo surpreendente estava prestes a acontecer, pois, pela primeira vez em 500 anos, um não italiano havia sido escolhido para ser papa. O senhor teve papel importante em sua escolha?

Não, acredito que não. Eu era um dos cardeais mais jovens e também não tive a pretensão de querer desempenhar papel nenhum ali. Sou fundamentalmente contra conspirações e coisas assim, ainda mais numa eleição papal. Cada um deve votar

9. PROFESSOR E BISPO

de acordo com sua consciência. Claro, nós alemães falamos uns com os outros, mas não firmamos nenhum acordo.

No entanto, dizem que os participantes de língua alemã, em torno do cardeal vienense König, teriam apoiado de forma determinante o voto em Wojtyla.

Apoiado, sim, claro.

O senhor se absteve completamente.

Posso dizer apenas que König falou com diversos cardeais antes do conclave. O que aconteceu lá dentro é segredo e continua sendo. Como um arcebispo ainda novo, me mantive totalmente afastado das atividades públicas. Nós, cardeais de língua alemã, nos encontrávamos, consultávamos uns aos outros sobre os assuntos, mas eu mesmo nunca fiz nenhum tipo de política. Não parecia para mim, na minha condição, algo adequado.

O senhor se surpreendeu quando o polonês venceu?

Não. De jeito nenhum. Eu o apoiei. O cardeal König falou também comigo. E meu encontro pessoal com ele, mesmo que breve, me convenceu de que ele era realmente o homem certo.

Em 16 de outubro de 1978 começa o 264º pontificado da Igreja Católica Apostólica Romana. O novo papa, que se apresenta como alguém "de uma terra distante", anuncia uma era na qual o mundo mudaria de uma forma que ninguém consideraria ser possível. Com a eleição de Wojtyla, surgiu uma situação totalmente nova para o senhor. Alguém que sem dúvida queria ter o senhor ao lado, e, ainda por cima, em Roma, havia se tornado papa.

O que eu ainda não sabia, mas logo me seria revelado.

Quando aconteceu? Quando exatamente aconteceu a primeira convocação?

Agora não consigo precisar uma data. Sabia que ele me queria em Roma. Um ano antes, a prefeitura da Congregação para a Educação Católica estava vaga. Ele me queria ali. Eu disse: "Não posso. Estou há pouco tempo em Munique, assumi compromissos, não posso simplesmente ir embora agora". Então, nomeou o cardeal Baum, de Washington. Depois disso, não podia mais falar não. Quer dizer, eu ainda apresentei uma condição que considerava impossível de cumprir. Eu disse: "Posso aceitar apenas se me for permitido continuar a publicar livros". No início ele ficou inseguro, informou-se e descobriu que o cardeal Garrone, que esteve no cargo antes de Baum, havia publicado, então disse: "O senhor pode".

Não é uma afronta ao papa lhe impor condições?

(*Risos*.) Talvez, mas eu considerava meu dever dizer aquilo. Porque eu sentia como uma obrigação interior poder dizer algo para a humanidade.

10. Prefeito

Roma (1982-2005)

Fica claro na despedida em Munique como Ratzinger havia se ambientado à cidade, a toda a Baviera nesse meio-tempo. O ministério episcopal o havia transformado num pastor próximo do povo. Nunca antes um cardeal alemão se despediu com tantos elogios, com tanta participação do povo. Sua despedida foi até mesmo transmitida ao vivo pelo canal de televisão ARD.

Ele, porém, tinha um mau pressentimento. Ratzinger sabia que as notícias que logo viriam de Roma e carregariam sua assinatura não trariam apenas coisas agradáveis. E sabia também outra coisa: que logo o jovem arcebispo de Munique, tão apoiado e festejado pelo povo, se tornaria um "cão de guarda do papa".

Santo Padre, em 25 de novembro de 1981 o senhor foi nomeado prefeito da Congregação para a Doutrina da Fé, e com isso se tornou, ao lado do papa, o mais elevado defensor da fé da Igreja Católica. Em 1º de março de 1982, o senhor se apresenta para o trabalho em Roma. Dizem que sua primeira grande reunião no cargo foi feita em latim.

Não conhecia direito o italiano ainda. Havia-o aprendido apenas para conversas informais. Claro que isso continuou sendo uma limitação minha. De qualquer forma, eu não poderia conduzir os trabalhos em italiano e, por isso, escolhi o latim.

Na esperança de que fosse compreendido.

Naquele tempo todos realmente falavam latim, não era problema.

Como foi o primeiro encontro com João Paulo II no Vaticano? Houve uma conversa sobre a orientação fundamental do pontificado e, especialmente, sobre suas atribuições?

Não. Eu tinha uma audiência semanal. Era tempo suficiente para conversar. Não falamos sobre programações ou funções. Simplesmente estavam claras quais eram as funções de um prefeito.

Certa vez o senhor disse que para conhecer aquele grande homem era melhor celebrar uma Santa Missa com ele do que analisar seus livros. Como era isso?

Bem, quando celebrávamos com ele, sentíamos a proximidade íntima com o Senhor, a profundidade da fé na qual ele mergulhava e tínhamos contato com ele realmente como a pessoa de fé e oração, marcada pelo Espírito. Mais do que quando líamos os livros, que também mostravam uma imagem dele, mas não revelam sua personalidade como um todo.

Os senhores tinham temperamentos muito diferentes. Como as coisas funcionavam tão bem entre os dois? Ou talvez tenham funcionado tão bem exatamente por causa disso?

Talvez exatamente por isso, sim. Ele era um homem que precisava de companhia, que precisava de vida e movimento, precisava se encontrar com as pessoas. Eu, ao contrário, sou uma pessoa que precisa de mais silêncio e essas coisas. Mas exatamente por isso, por sermos diferentes, nos complementávamos tão bem.

Simplesmente porque um tinha simpatia pelo outro?

Sim.

Pois havia química?

Exato.

E a mesma fé estava ali?

Estava.

Isso torna tudo mais fácil e bonito.

Isso. Porque sempre sabíamos que desejávamos chegar ao mesmo objetivo.

Existia também contato privado? Excursões, refeições, passeios juntos?

Refeições sim, mas sempre num pequeno grupo. Passeios não, na verdade.

Esquiar, com certeza não.

(*Risos.*) Não, infelizmente eu não seria capaz.

Os senhores se tratavam informalmente, pelo primeiro nome?

Não.

Como arcebispo de Munique ou como prefeito, aqui em Roma, o senhor chegou a ir em missões à Polônia enviado pelo papa? (missões de apoio ao movimento oposicionista Solidarność[1]).

Não, não fui.

Na época, o senhor esteve várias vezes na Polônia.

Sim, estive. Mas não que eu tenha... para isso ele tinha uma relação direta lá.

---

1. *Niezależny Samorządny Związek Zawodowy "Solidarność"* (Sindicato Autônomo "Solidariedade" foi uma federação sindical fundada em 1980 e atuava como movimento social antissoviético na Polônia e contava com o apoio da Igreja Católica, à época liderada pelo polonês Karol Wojtyla (futuro João Paulo II). (N.T.)

O senhor ficou sob observação do Departamento de Segurança Estatal da República Democrática Alemã. Existe toda uma documentação sobre o senhor.

Sim, existe. Mas não havia nada para descobrirem.

O senhor acompanhou ativamente a Ostpolitik *[Política do Leste] do papa?*

Conversávamos sobre isso. Era claro que a política de Casaroli [o cardeal Agostino Casaroli era considerado o arquiteto da *Ostpolitik* vaticana de João XXIII e Paulo VI; foi cardeal secretário de Estado de Karol Wojtyla de 1979 a 1990], embora tivesse boas intenções, era basicamente um fracasso. A nova postura de João Paulo II vinha da própria experiência, do contato com esses poderes e forças. Obviamente não podia se esperar na época que esse regime ruísse logo. Mas estava claro que, em vez de tentar fechar acordos conciliadores, deveríamos enfrentá-lo com intensidade. Era a visão fundamental de João Paulo II, da qual eu partilhava.

Houve também discussões entre os senhores.

Não.

Mas ao menos diferenças, sim. Dizem, por exemplo, que o senhor não gostou da ideia do encontro de oração do papa em Assis com representantes das religiões mundiais.

Isso é certo. Porém, não brigamos por isso, pois eu sabia que ele tinha as melhores intenções e ele também sabia que eu, nesse sentido, tinha outra linha de pensamento. Ele me disse, antes do segundo encontro em Assis, que seria uma alegria para ele se eu o acompanhasse, e acabei acompanhando. O encontro também estava mais bem estruturado, pois as objeções que eu tinha foram ouvidas, e a forma que o encontro havia assumido me permitia participar.

Dizem que havia uma pergunta que João Paulo II fazia quando surgiam questões complicadas: "O que o cardeal Ratzinger vai dizer sobre isso?" Em nosso primeiro livro, O sal da terra, *fiz essa pergunta no início da nossa conversa: o papa tinha medo do senhor?*

Não. (*Gargalhada vigorosa.*) Mas ele levava muito a sério a minha posição. Posso contar ao senhor uma pequena passagem anedótica sobre isso. Certa vez um núncio perguntou a Pio XII se ele, num determinado problema, poderia resolvê-lo da forma que havia imaginado, mesmo que não correspondesse totalmente às regras. O papa pensou um pouco e disse: "Pode. Mas, se o Santo Ofício descobrir o que o senhor fez, não poderei protegê-lo". (*Riso.*)

Uma das publicações que mais chamaram a atenção na sua época como prefeito foi a declaração Dominus Iesus. *Trata da unicidade da Igreja Católica, tema que desencadeou muitas críticas. Até hoje não se sabe se foi o senhor mesmo que escreveu esse documento.*

Escolhi nunca escrever pessoalmente os documentos do Santo Ofício para que ninguém pensasse que eu desejava espalhar e impor a minha teologia pessoal. Tais documentos deviam ser fruto do trabalho dos diversos departamentos responsáveis. Claro que também eu trabalhei nele, reorganizei criticamente também e tudo o mais. Mas eu mesmo não escrevi nenhum dos documentos, nem mesmo a *Dominus Iesus*.

Na época, foi passada a impressão de que também o papa seria contra esse documento.

Mas isso não procede. Ele me chamou um dia e disse: "Quero falar sobre isso num Angelus e esclarecer que me identifico totalmente, por isso peço ao senhor que faça um texto para o Angelus, para que não haja dúvida de que o papa está totalmente de acordo". Então, escrevi um texto. No entanto, achei que não devia ser tão ríspido, não cabia. O conteúdo era claro, mas a forma também era nobre. Por isso, ele me perguntou: "Isso está claro? Tem certeza?". – "Sim, sim", respondi. Mas foi o contrário. Por causa daquele estilo nobre, todos disseram: "Ah, o papa também se distanciou do cardeal".

Como foi a grande confissão de culpa no ano de 2000, com a qual a Igreja Católica pediu desculpas por omissões e crimes históricos? O senhor se opôs, como as pessoas costumam dizer?

Não. Estava de acordo. Digo, é possível se questionar se as tantas confissões de culpa foram realmente algo razoável. Mas sou totalmente a favor de que a Igreja, seguindo o exemplo dos Salmos e do Livro de Baruque, por exemplo, reconheça sua culpa de tantos séculos.

A ideia do catecismo mundial veio do senhor?

Não apenas, mas também de mim. Cada vez mais as pessoas se perguntavam na época; a Igreja tem ainda uma doutrina comum? Não se sabia mais em que a Igreja realmente acreditava. Havia mesmo fortes correntes, inclusive entre pessoas muito boas, que diziam: não se pode mais fazer um catecismo. Eu dizia: ou ainda temos algo a dizer, então precisamos conseguir expressá-lo, ou não temos mais nada a dizer. Nesse sentido, fui protagonista da ideia – na convicção de que também devemos estar em condições de dizer em que a Igreja acredita e o que ensina hoje.

Fides et ratio, *fé e razão, a encíclica de 1998 – o quanto o cardeal Ratzinger teve parte nela? Nada ou um pouco?*

Um pouco. Algumas ideias, digamos.

O senhor tem uma anedota preferida sua com João Paulo II?

Quando o papa esteve em Munique em sua primeira viagem à Alemanha, vi que ele tinha uma programação diária gigantesca, que se estendia de manhã cedo até bem tarde da noite. Então, pensei comigo: não se pode fazer uma coisa dessas! Precisamos deixar um tempo para descanso aqui. Então, estabeleci que deveria haver uma bela pausa para o almoço. Na residência episcopal havia um apartamento muito bonito. O papa havia apenas acabado de subir quando me chamou pedindo que subisse até lá rapidamente. Quando cheguei, já havia rezado seu breviário. Eu disse: "Santo Padre, agora o senhor precisa descansar!". – "Para repousar tenho toda a eternidade", disse ele. Acredito que esse exemplo ilustre bem o seu caráter: "Para repousar tenho toda a eternidade". No presente era infatigável.

10. PREFEITO

O que talvez valha um pouco para o senhor também. Quando consegui entrevistá-lo pela primeira vez, em novembro de 1992, o senhor confessou abertamente que estava exausto, cansado e gostaria na verdade de renunciar ao posto. Forças renovadas precisaram chegar.

Em 1991, havia tido aquela hemorragia cerebral, cujos efeitos ainda eram muito intensos em 1992. Devo dizer que os anos de 1991 a 1993 foram muito difíceis, do ponto de vista da força física e da força espiritual. E depois disso, sim, eu me recuperei.

Como sempre. Quando o senhor apresentou sua renúncia pela primeira vez?

Realmente tenho que pensar. Depois do primeiro quinquênio, em 1986, o papa soube que já havia terminado o meu mandato. Mas já havia me dito que não era possível me liberar. Depois, em 1991, pedi com insistência. Como eu disse, havia tido uma hemorragia cerebral e estava muito mal. Eu disse para ele: "Agora não posso mais". Mas a resposta foi um "não".

E a terceira vez?

Antes de eu conseguir pedir, ele já me disse: "O senhor não precisa me escrever, não precisa me dizer que quer ser liberado, pois seus pedidos não serão ouvidos. O senhor precisa ficar enquanto eu estiver aqui".

Seu derrame, em setembro de 1991 – o senhor ficou mais de catorze dias de cama no Hospital Pio XI, em Roma? O que realmente aconteceu?

Bem, foi uma hemorragia cerebral que teve como consequência a perda parcial do campo de visão esquerdo. Eu ainda enxergo, mas apenas de frente, não mais nas laterais, às margens. Na verdade, foi o único efeito, além de toda a exaustão geral. Mas, naturalmente, é uma consequência muito desagradável.

Alguma sequela?

Bem aos poucos recuperei metade da visão esquerda. Mas um dia, acho que foi em 1994, sofri uma espécie de embolia, que irradiou para todo o olho. Estava em Maria Eck e fui ao oculista apenas no dia seguinte. Já era tarde demais, pois a capacidade de visão estava muito prejudicada. Foi tratada por muito tempo, até finalmente ser detectada como degeneração macular, uma doença da retina, de forma que agora sou simplesmente cego do olho esquerdo.

Completamente?

Sim. Não vejo nem mesmo luzes e sombras.

No Vaticano, o senhor não pertencia a nenhum grupo. Para o senhor, nepotismo é um horror. Por ficar distante do sistema, não conquistou também muitos inimigos?

Na verdade, acho que não. Também tive amigos. Todos sabiam que eu não fazia política, e isso inibe a inimizade. As pessoas sabem: aquele ali não é perigoso.

Como guardião da fé por um quarto de século, o senhor marcou como ninguém o pontificado de João Paulo II. Do ponto de vista contrário, qual foi a contribuição de Wojtyla no desenvolvimento de Ratzinger?

Graças a ele aprendi a pensar de maneira mais ampla, precisamente também na dimensão do diálogo religioso. Trabalhamos juntos, trocamos ideias, sobretudo nas encíclicas morais e no catecismo. Dessa forma, seu olhar amplo e sua visão mais filosófica também aumentaram meus horizontes.

Quem decidiu que o senhor deveria escrever o texto para a Via-Sacra no Coliseu para a Sexta-Feira Santa do ano de 2005, no qual o senhor falou da quantidade de sujeira dentro da Igreja e da traição a Cristo. Foi ideia do papa?

Sim, foi dele mesmo a ideia. Foi o papa que quis assim.

Ele comentou o seu texto?

Não mais, não, pois já estava muito doente e muito cansado.

Milhões de pessoas têm o funeral dele na lembrança, pois acompanharam da tela da televisão no mundo inteiro ou diretamente da Praça São Pedro, que ficou lotada com três a cinco milhões de fiéis. O caixão de madeira simples, o vento que soprava as folhas do Evangelho, a cerimônia comovente que o senhor conduziu – o que o senhor estava sentindo? O que se passava no seu interior?

Claro que aquela morte me tocou muito, pois éramos bastante próximos. Para mim ele foi uma figura decisiva. Acompanhei todo o seu caminho de sofrimento e soube, quando o visitei no Hospital Gemelli, que não poderia durar muito tempo. Naturalmente a gente sofre quando uma pessoa assim parte. Ao mesmo tempo, tenho a consciência de que ele está lá. Que nos abençoa de sua janela no céu, como eu disse na época, na Praça São Pedro. Aquilo não foi uma frase de efeito. Veio de uma profunda consciência de que ele ainda hoje nos envia a sua bênção lá de cima, está presente, e que nossa amizade continua de outra maneira.

PARTE III
O papa de Jesus

11. E, de repente, pontífice

Quando Joseph Ratzinger, aos 19 de abril de 2005, apareceu diante dos fiéis na sacada da Basílica de São Pedro como o 264º sucessor de São Pedro, ele quase parecia um adolescente. Depois do longo sofrimento de seu predecessor, as pessoas não estavam mais acostumadas com um papa que não estivesse numa cadeira de rodas e que conseguisse apresentar textos de forma fluida e até o fim.

O papa que recebia o bastão não podia ser mais diferente do que aquele que o entregava. Um era místico e mariano. O outro, erudito e cristocêntrico. Lá, o ator, um homem dos gestos, que buscava os palcos. Aqui o tímido "trabalhador das vinhas do Senhor", o homem da palavra, que renunciava aos efeitos especiais. Segundo ele próprio, via como sua tarefa principal manter a Palavra de Deus "em sua grandeza e pureza, contra todas as tentativas de ajuste e diluição". A Reforma para ele seria, em primeiro lugar, uma questão de purificação no interior da Igreja.

Santo Padre, com que o senhor realmente estava sonhando quando acreditou que, depois da morte de João Paulo II, os seus serviços haviam terminado?

Já disse: estava sonhando com o dia em que poderia escrever meus livros em paz.

O senhor achava esse sonho realista?

Absolutamente, sim.

Logo no início do conclave, o senhor alertou num sermão sobre uma "ditatura do relativismo", que impunha como última medida o indivíduo e seus desejos. Nessa situação, a Igreja deveria anunciar a verdade da fé contra todas as ideologias e manifestações da moda. O pensamento de muitos cristãos sempre fora abalado pelas ondas do Zeitgeist [espírito de uma época] e lançado de um extremo ao outro. Nestes tempos, quem tivesse uma "fé clara" segundo o Credo da Igreja seria com frequência rotulado de fundamentalista. Porém os padres deveriam continuar a ser inspirados pela "inquietação santa", que traz a todos o dom da fé, ou seja, "a Palavra, que abre a alma para a glória de Deus", enfim, uma fé profundamente enraizada na "amizade com Cristo". Os religiosos e fiéis reunidos na Praça São Pedro reagiram com fortes aplausos. Muitos disseram que esse discurso sobre o relativismo teria sido uma espécie de propaganda eleitoral.

De maneira alguma. Como decano do Colégio de Cardeais, era minha tarefa fazer a homilia na missa dos cardeais. E, de acordo com a leitura prevista naquele dia, simplesmente interpretei a Epístola aos Efésios. Ela diz que não podemos nos deixar ser jogados para lá e para cá ao sabor das ondas do tempo e por aí vai[1]. Assim nasceu aquele discurso. O tema era simplesmente o conteúdo que estava ali.

Já era o terceiro conclave do qual o senhor participava. Foi diferente dos outros?

Bem, nos dois primeiros ainda estava entre os cardeais mais jovens e menos conhecidos, um novato, por assim dizer, e por isso também numa situação tranquila. No último, ao invés, tinha a responsabilidade de decano do Colégio de Cardeais. Isso significa que devia presidir as exéquias do papa, coordenar os preparativos e também assumir minha responsabilidade dentro do próprio conclave. No final, é o decano dos cardeais quem pergunta ao eleito se aceita. Como estava havia uns bons vinte anos em Roma, eu já não era uma *tabula rasa*, e minha posição era diferente das anteriores. Enfim, já estava com 78 anos, o que era obviamente tranquilizador. Se os bispos se aposentavam com 75 anos, não se poderia colocar na *Cathedra Petri* alguém com 78.

Não teria sido a primeira vez.

Mas antigamente não havia esse limite de 75 anos. Então pensei comigo que, se a regra é o bispo se aposentar aos 75 anos, não se pode deixar que o bispo de Roma comece aos 78.

---

[1]. O trecho mencionado por Bento XVI é o capítulo 4, versículo 14 da Epístola aos Efésios: "Para que não continuemos crianças ao sabor das ondas, agitados por qualquer sopro de doutrina, ao capricho da malignidade dos homens e de seus artifícios enganadores". (N.T.)

Realmente é difícil imaginar que o senhor entrou no conclave e não pensou também que poderia acontecer ser eleito.

Claro que fui abordado muitas vezes antes do conclave. Mas não consegui levar aquilo muito a sério. Pensei que não havia chance, que não era razoável. Nesse sentido, também fui surpreendido.

Houve algum momento em que o senhor ainda pensou se deveria realmente aceitar a eleição?

Sim, claro. Claro, o tempo todo. Mas de alguma forma eu sabia simplesmente que não poderia dizer não.

Quando o senhor pensou no nome papal?

Durante os dias do conclave.

Dias?

Foi apenas um dia?

Foram dois dias, segunda e terça-feira.

Sim, durante os dias da eleição. Esperava ainda que não fosse ser como foi. Embora já no primeiro dia tenha ficado claro que possivelmente recairia sobre mim. Então, me veio à cabeça ter como referência o papa Bento XV – e acima dele o próprio São Bento.

11. E, DE REPENTE, PONTÍFICE

Por que o senhor não se chamou João Paulo III?

Senti como inadequado, pois seria um parâmetro ao qual eu não poderia corresponder. Não poderia ser João Paulo III. Eu era outra figura, outro caráter, tinha outra espécie de carisma ou falta de carisma.

De repente, representante de Cristo na Terra. Que mudança acontece no íntimo de alguém nesse momento?

Pensava: agora preciso mais ainda da ajuda Dele. Todos sabem que não sou feito para isso. Mas, se Ele quis confiar-me este fardo, também me ajudará a carregá-lo.

O senhor falou que a votação dos cardeais o atingiu como uma "guilhotina". O senhor se arrependeu depois dessas palavras?

Não. A sensação foi simplesmente essa: uma guilhotina.

Havia um papa-modelo? Paulo VI, talvez?

Não diria isso. Para mim, os papas do século XX foram todos modelos de alguma forma, cada um à sua maneira. Sabia que não poderia me assemelhar a nenhum deles, mas que cada um deles tinha algo a me dizer.

O que permanece de especial na lembrança dos primeiros dias no novo cargo?

Os primeiros dias? Por um lado, um almoço em Santa Marta, a casa de hóspedes do Vaticano, com meu irmão, com toda a família, com os amigos. Foi um momento muito bonito e comovente. Então, a primeira visita que recebi, Kiril, na época ainda "ministro de relações exteriores" da Rússia [desde 2009 patriarca da Igreja Ortodoxa em Moscou]. Foi uma conversa muito positiva. Kiril tinha algo de camponês russo em si, o que me agradava. Nós nos entendemos muito bem. E depois me vem à mente a noite antes da Missa Solene, na qual acontece a tomada de posse do trono. Acordei às duas da manhã e pensei comigo mesmo que seria ruim se não voltasse a dormr. Mas então, por volta das quatro, voltei a adormecer (*riso*).

De quantas horas de sono o senhor precisa?

Preciso dormir bastante, sete, oito horas. Sim, e depois tive grande dificuldade com as abotoaduras da camisa. Elas me deixaram realmente irritado, tanto que pensei que o inventor daquilo deveria estar queimando nas chamas do purgatório (*risos*).

O senhor não usava abotoaduras nos punhos da camisa antes?

Às vezes, mas normalmente não.

Dizem que o senhor teria trocado o alfaiate imediatamente quando se tornou papa, pois o anterior havia feito túnicas curtas.

Não, não é verdade. Desde o início, por um lado, sempre usei Euroclero, mas também Gamarelli. Sem Gamarelli não dá.[2]

---

2. Euroclero e Gamarelli são duas das principais alfaiatarias que servem ao Vaticano. (N.T.)

11. E, DE REPENTE, PONTÍFICE

E a primeira visita ao seu novo apartamento?

Ah, sim. Primeiro visitamos a torre. Aqui nos Jardins do Vaticano existe uma antiga torre, que o papa Giovanni [papa João XXIII] mandou reformar para servir de residência. Quando o palácio apostólico foi reformado por motivos estruturais, o papa João Paulo II também morou lá por bastante tempo. Em um primeiro momento propuseram que eu assumisse a torre como residência. Mas eu não gostei. Primeiro, porque não gosto de que os aposentos sejam em semicírculo. Gosto de cômodos retos, de pessoas normais. Além disso, ventava tanto lá que eu disse, não, prefiro ficar mais um tempo em Santa Marta até que possa ir para o Palazzo.

O senhor ordenou que o apartamento papal fosse decorado de forma mais luminosa, mais acolhedora?

Primeiro mandei que tirassem aqueles carpetes, dos quais não gostava. Um piso é um piso, um tapete é um tapete, ou um ou outro. E então pedi algo mais acolhedor, sim. Mas já estava previsto que fosse repintado, pois fazia tempo que não se fazia nada ali. Mas só fizeram nas primeiras férias de verão.

Por que o senhor nunca abdicou de sua residência anterior?

Não foi proposital. Eu não podia abdicar de pronto, pois a mudança aconteceu em ritmo acelerado. Eu trouxe apenas os livros de lá, de resto praticamente nada. Tudo está lá ainda, inclusive uma grande parte dos livros. Em algum momento pensei: agora precisamos arrumar, mas onde vamos colocar tudo? Mas alguém me disse: por ora, deixe que fique lá.

Ou seja, não era um lugar para voltar numa eventualidade?

Não. Para mim estava perfeitamente claro que eu não poderia voltar atrás, pois, mesmo que renunciasse, era óbvio que eu não poderia viver mais em uma casa normal, não dava.

Como grande amante da música, o senhor trabalha ouvindo alguma coisa? Por exemplo, ao escrever?

Atrapalha. Ou escuto música ou escrevo.

O senhor precisa de uma atmosfera especial?

Quando quero escrever ou pensar em alguma coisa, preciso apenas de silêncio. Preciso estar sozinho. Preciso me concentrar tranquilamente nos livros, poder deixar o pensamento amadurecer.

Por falar nisso: depois de sua renúncia, houve uma discussão sobre o orçamento papal. De repente, o cardeal Marx, de Munique, achou que a "corte" vaticana era muito pomposa. Também era a sua impressão?

Não, de jeito nenhum. Sempre vivemos de forma muito simples, já desde as minhas origens. Sou, como se diria, *Hufschlager* [os moradores de *Hufschlag*, a cidadezinha onde Ratzinger passou a infância e a juventude], por isso mesmo não consigo levar o "estilo da corte". Não sei o que levou o cardeal a fazer esse comentário.

Houve alguém que lhe deu aulas sobre o novo ministério? Dizem que não se aprende a ser papa.

11. E, DE REPENTE, PONTÍFICE

(*Riso.*) É possível, obviamente, aprender com os predecessores, com o cardeal secretário de Estado, com os auxiliares e assim por diante. Nesse sentido, conseguimos aprender as coisas aos poucos.

Nos primeiros tempos, era frequente as pessoas verem o senhor com olheiras profundas.

Verdade?

Estava claro que sua nova tarefa significava pouco sono e muito trabalho.

Não me senti tão mal assim, mas é verdade que no início esse fardo quase nos derruba, e que para manter-se nesta função é preciso primeiro se habituar.

12. Aspectos do pontificado

O fato de conseguir lidar com uma transição sem rupturas depois de um "papa do milênio" como João Paulo II já foi considerado um sucesso após a eleição do papa alemão. Comentaristas falam de uma "febre de Bento" ao se referir à empolgação mundial pelo novo pontífice. Nunca antes tantas pessoas haviam comparecido às audiências com o papa [na Praça São Pedro]. As encíclicas de Bento XVI chegavam a quantidades astronômicas de edições. Seus discursos ocupavam as primeiras páginas em jornais de todo o mundo.

"O meu verdadeiro programa de governo" anuncia Bento XVI, em 24 de abril de 2005[1], na Santa Missa na Praça São Pedro pelo

---

1. No original, o entrevistador, Peter Seewald, marca como data da Santa Missa o dia 22 de abril de 2005. Porém, na transcrição do discurso de início do ministério petrino no site do Vaticano, a data oficial é 24 de abril de 2005. O discurso integral está disponível em português em: https://w2.vatican.va/content/benedict-xvi/pt/homilies/2005/documents/hf_ben-xvi_hom_20050424_inizio--pontificato.html (N.T.)

início do novo pontificado, "fazer minha vontade, não perseguir minhas ideias, pondo-me contudo à escuta, com a Igreja inteira, da Palavra e da vontade do Senhor e deixar-me guiar por Ele". Literalmente ele acrescentou: "Não somos o produto casual e sem sentido da evolução. Cada um de nós é o fruto de um pensamento de Deus. Cada um de nós é querido, cada um de nós é amado, cada um é necessário".

Santo Padre, quando e onde o senhor escreveu o texto para o grande sermão de sua Santa Missa de Início do Ministério Petrino? Em sua antiga residência, talvez?

Não sei exatamente. Acho que foi em Santa Marta.

O senhor não havia pensado antes o que...

Nem se pode, não, é preciso confiar na inspiração do momento.

O primeiro discurso ou sermão de um novo papa é avaliado pela opinião pública como um discurso programático. O senhor também viu dessa forma?

Eu estava consciente de que seria visto dessa forma e escrevi com ajuda de Deus.

Por mais de duas décadas o senhor foi o colaborador mais próximo de um papa e metade da vida estudou teologicamente o Primado de Pedro. Houve em princípio uma resolução do que o senhor não queria fazer como papa?

Houve antes de tudo aquilo que eu queria fazer: dar prioridade ao tema de Deus e da fé. Para mim era importante, acima de tudo, levar as Sagradas Escrituras ao primeiro plano. Sou um homem que veio da teologia e sabia que meu ponto forte, se é que existe um, é anunciar positivamente a fé. Por isso, queria, antes de mais nada, ensinar a partir da plenitude da Sagrada Escritura e da Tradição.

Novamente: não são importantes apenas as coisas que alguém faz, às vezes as coisas que alguém **não** *faz são mais importantes.*

O que posso dizer? Eu sabia que não teria um longo pontificado. Que não poderia levar adiante projetos de longo prazo e nenhuma ação espetacular. Que, acima de tudo, não poderia convocar, por exemplo, um novo concílio, mas queria e poderia fortalecer o elemento sinodal.

Também não representa um problema quando o sucessor do pescador Pedro é um professor? Na escolha dos doze, Jesus não convocou nenhum doutor da lei.

Tem razão, mas sempre existiram papas eruditos, a partir de Leão Magno e Gregório Magno, dois grandes luminares dos primórdios, e depois Inocêncio III e assim por diante. Portanto, não é tão incomum. Claro, um papa não precisa ser obrigatoriamente um erudito em teologia, absolutamente. Mas precisa ter uma formação intelectual. Precisa saber quais são as correntes, as questões, as tarefas de hoje, e, nesse sentido, um professor nem sempre é a figura ideal para ocupar a cátedra episcopal ou papal, mas também não é impossível. Tudo bem, um professor carrega a pecha, e isso percebe-se apenas depois, de que enxerga a vida de modo muito teórico, o que de fato é um perigo. Mas aos poucos ele aprende com as pessoas a ampliar seus horizontes.

O cardeal Kurt Koch disse que o papa Bento precisava retomar, enfrentar e resolver muitos problemas que existiam antes dele, de certa forma como se fosse uma herança incômoda. O senhor também vê dessa forma?

Com certeza, e agora também é assim. Sempre há problemas não resolvidos na Igreja, ainda mais em nosso tempo, após os grandes abalos da época pós-conciliar, a grande confusão derivada de não se saber como realmente se deveria ler o Concílio. Em suma, a situação de nossa sociedade é de que o cristianismo deve encontrar uma nova orientação, novos modos de se definir, se realizar. De qualquer forma, os problemas sempre existiram e sempre existirão.

O cardeal Koch apontou especialmente problemas que não foram resolvidos com João Paulo II e que persistiram.

Claro que há alguns. Mas diria que, aquilo que o papa pôde resolver, ele resolveu. Sempre surgem novos problemas. E muitos nunca se resolvem totalmente.

O senhor supunha, como já dissemos, que não teria, especialmente em razão de sua idade, um longo tempo de ministério. Essa consciência influenciou seu pontificado. Foi um erro assumir essa predisposição mental? O senhor poderia ter convocado uma reforma, como fez o papa Francisco, ou ao menos nomeado as comissões competentes?

Cada um tem seu próprio carisma. Francisco é o homem da reforma prática. Foi arcebispo por muito tempo, conhece o *métier*, já foi antes superior provincial dos jesuítas na Argentina e tem também grande competência para questões de caráter organizativo. Sabia que esse não era meu ponto forte. E também não era necessário, pois havia já a reforma da Cúria de João Paulo II, com a Constituição Apostólica Pastor Bonus. Não me parecia correto virar novamente tudo de cabeça para baixo. A verdade é que eu não poderia assumir nenhuma grande questão organizativa de longo prazo. E também era da opinião de que não era o momento para isso.

O ex-núncio, Karl Josef Rauber, um conhecido da época do Concílio, disse sobre o senhor: "Joseph Ratzinger é um estudioso irrepreensível, mas seu interesse genuíno é apenas pela pesquisa e pela escrita".

(*Riso*.) Não, claro que isso não procede. Não seria nem mesmo possível. É preciso fazer muitas coisas práticas, o que também traz alegria. Visitar paróquias, falar com as pessoas, ministrar a catequese, participar de encontros de todos os tipos. Justamente as visitas a paróquias são uma parte bonita, que traz felicidade. Nunca fui apenas professor. Um padre não pode ser apenas professor. Se for apenas isso, algo está faltando. A missão sacerdotal inclui também o empenho pastoral, a liturgia, os diálogos com o povo. Talvez eu tenha pensado e escrito demais, isso pode ser. Mas afirmar que eu tenha feito apenas isso não seria verdade.

Tem razão. Pois já começou com uma bomba: como primeiro papa da era moderna, o senhor substitui a poderosa tiara no brasão por uma simples mitra. Houve resistência no Colégio de Cardeais?

12. ASPECTOS DO PONTIFICADO

Nunca chegou aos meus ouvidos. De qualquer forma, ninguém contestou diretamente. Também, já estava na hora, pois, se já não usamos mais a tiara, ela precisa ser substituída também no brasão.

O novo pontificado também ganha impulso em outras áreas. Pela primeira vez há um diálogo no Sínodo, pela primeira vez são convidados delegados de outras confissões religiosas. O senhor conduz reuniões regulares com todos os chefes dos dicastérios, reduz por isso as audiências, as viagens, as cerimônias litúrgicas e as canonizações. Não mantém nem mesmo o hábito do seu predecessor de receber as pessoas para a missa matutina e de ter regularmente visitantes para as refeições.

Óbvio que, em certo sentido, isso foi uma falha, mas preciso dizer que não funcionaria de outra maneira. Pela manhã, na Santa Missa, preciso de silêncio e recolhimento. Não tenho condições de iniciar o dia recebendo pessoas. Tenho necessidade de celebrar a missa sem muitas pessoas e fazer minhas orações em silêncio depois disso. Isso não impede que algumas pessoas estejam na missa. Mas ver todo dia novos rostos, encontrar gente nova, e isso sempre em diferentes idiomas, para mim seria demais. E também depois de tantos encontros durante o dia não conseguiria manter ainda conversas durante as refeições.

Uma alteração inicial foi a troca do mestre de cerimônias de Piero Marini por Guido Marini. A troca foi interpretada como uma vontade de dar outra forma às celebrações litúrgicas pontifícias.

Não, Piero Marini era e continua sendo um homem muito competente. Bem, em matéria litúrgica ele é mais avançado que eu, mas isso não tem importância alguma. No entanto, eu era também da opinião de que já era hora de ele se aposentar. E assim, depois de Marini um, veio o Marini dois.

O senhor assumiu uma cruz pastoral diferente daquela do seu predecessor, usou a murça vermelha em vez da sotaina branca simples, entregava a comunhão na boca. Segundo seus críticos, esses atos seriam "um retorno aos ritos litúrgicos do passado". Procede?

Não. Estou satisfeito com as reformas do Concílio, quando são acolhidas honestamente e na sua verdadeira essência. No entanto, havia também muitas ideias tortas e tendências destrutivas às quais era necessário colocar um freio. A liturgia na [Basílica de] São Pedro sempre foi boa, e tentamos continuar com ela. A comunhão na boca não é obrigatória, e eu sempre pratiquei as duas. Mas como havia muitas pessoas na Praça São Pedro que poderiam entender errado, que, por exemplo, colocavam a hóstia no bolso, achei para mim que era um sinal adequado. Mas o que eu teria feito para isso parecer um restaurador? É preciso dizer que essas categorias de velho e novo não se aplicam à liturgia. As Igrejas orientais falam simplesmente da Divina Liturgia que não é obra nossa, mas que nos é dada de presente. Para a liturgia ocidental, J. A. Jungmann cunhou a expressão *"gewordene liturgie"* [literalmente: liturgia em transformação], apontando com isso a consciência maior do Ocidente que vê na liturgia o crescimento e o amadurecimento, a decadência e a renovação, mas também a continuidade daquilo que foi estabelecido pelo Senhor e pela Tradição Apostólica. Essa consciência sempre me orientou ao celebrar a liturgia.

12. ASPECTOS DO PONTIFICADO

Já era certo que Angelo Sodano não permaneceria como secretário de Estado?

Ele era da minha idade. E, se já o papa havia sido eleito em idade avançada, pelo menos o secretário de Estado deveria estar em plena forma. Ele também entendia a questão da mesma forma: que, no caso, secretário de Estado e bispos deveriam seguir a mesma regra. E, se os bispos normais se aposentam com 75 ou 77 anos, o secretário de Estado deve deixar seu cargo no mínimo antes dos 80.

Sua primeira grande aparição internacional foi na Jornada Mundial da Juventude, em Colônia, com 1 milhão de participantes. As pessoas viram o novo papa sorrindo e cantando de mãos dadas com jovens de todos os continentes. O senhor mesmo ficou surpreso com seu novo estilo, seu novo carisma?

Em certo sentido, sim. Mas preciso dizer que, quando eu era capelão, gostava muito de trabalhar com a juventude. E como professor não damos apenas aulas, mas nos envolvemos concretamente com os jovens. A companhia de pessoas mais jovens, portanto, não era algo estranho para mim. As Jornadas Mundiais da Juventude estão entre as lembranças mais belas de todo o meu pontificado. Colônia, Sydney, Madri são três momentos da minha vida que jamais esquecerei. Simplesmente me alegrei por poder ter estado ali, ter sido aceito e ter ajudado os outros.

Todos os críticos ficaram emudecidos. Por quatro anos, seu pontificado é acompanhado da euforia entusiasmada pelo papa da Baviera. O primeiro ponto de virada foi a agitação suscitada pelo "Discurso de Regensburg". Na sua Lectio Magistralis *na universidade o senhor citou uma observação sobre o significado da violência no islã, feita pelo imperador bizantino Manuel II Paleólogo durante conversa com um erudito persa. Isso desencadeou protestos violentos de muçulmanos em todo o mundo, exaltados porque essa citação foi retirada de contexto.[2] Falamos bastante disso em* Luz do mundo. *Uma última pergunta sobre esse tema complexo: foi coincidência o senhor ter deparado com essa citação?*

Eu havia lido esse diálogo do Paleólogo porque me interessava o diálogo entre o cristianismo e o islamismo. Por isso, não foi coincidência. Trata-se aqui realmente de um diálogo. O imperador que é mencionado reinou sob assédio muçulmano – e, apesar disso, havia a liberdade de poder dizer coisas que hoje não podem mais ser ditas. A partir daí, achei simplesmente interessante que esse trecho de um diálogo com quinhentos anos de idade pudesse ser discutido. Mas, como já dissemos, não avaliei corretamente o significado político do caso.

Para esclarecer um ponto: o vaticanista Marco Politi escreveu que o cardeal Sodano já o havia alertado, antes da viagem à

---

2. Excerto do "Discurso de Regensburg", de 12 de setembro de 2006, no qual Bento XVI mencionou o imperador bizantino Manuel II Paleólogo: "Sem se deter em pormenores como a diferença de tratamento entre os que possuem o 'Livro' e os 'incrédulos', ele, de modo surpreendentemente brusco – tão brusco que para nós é inaceitável –, dirige-se ao seu interlocutor simplesmente com a pergunta central sobre a relação entre religião e violência em geral, dizendo: 'Mostra-me também o que trouxe de novo Maomé, e encontrarás apenas coisas más e desumanas, tais como a sua norma de propagar, através da espada, a fé que pregava'. O imperador, depois de se ter pronunciado de modo tão ríspido, passa a explicar minuciosamente os motivos pelos quais não é razoável a difusão da fé mediante a violência. Esta está em contraste com a natureza de Deus e a natureza da alma".

12. ASPECTOS DO PONTIFICADO

Baviera, do caráter explosivo do texto. No entanto, o senhor não lhe teria dado a mínima importância. Isso é verdade?

Não. Ninguém havia me falado sobre o texto.

A partir dessa interpretação equivocada dos fatos, Politi deduz que o "Escândalo de Regensburg" não foi um mero acaso. O senhor deu uma virada de 180 graus na questão do diálogo com os muçulmanos se comparado à política de Wojtyla. Como indício, ele menciona que já na missa de início do ministério petrino o senhor teria intencionalmente deixado os muçulmanos de fora.

Não procede. Não sei nada sobre isso.

Ou seja, não é correta nem essa exclusão, tampouco o fato de que o senhor queria uma reviravolta na política de seu predecessor?

Não. De jeito nenhum.

Depois que o senhor com seu Motu Proprio[3] Summorum Pontificum *facilitou o acesso às antigas missas em latim, surgiu uma discussão sobre a oração da Sexta-Feira Santa pela conversão dos judeus. Em fevereiro de 2008, o senhor ordenou que o texto fosse substituído por uma nova versão. O senhor quis evitar polêmicas?*

---

3. Vem do latim *motu proprio* ("por iniciativa própria"). É um documento papal expedido pelo próprio papa, sem interferência de bispos e cardeais. Diferente do *rescrito*, que em geral é uma resposta a uma determinada demanda, o *Motu Proprio* é uma recomendação veemente do papa quanto a mudanças legislativas da Igreja. (N.T.)

Esse boato foi criado por alemães que não gostavam da minha visão teológica. É assim: conhecemos a nova oração da Sexta-Feira Santa e ela é aceita por todos.[4] No entanto, nesse meio-tempo, desde João Paulo II, aceitamos alguns grupos com antigas liturgias na Igreja, por exemplo, a Fraternidade Sacerdotal de São Pedro. Ou seja, já existiam muitas ordens religiosas e comunidades de fiéis que celebram a liturgia segundo o antigo Missal Romano, inclusive a antiga liturgia

---

4. Há uma imensa controvérsia sobre a oração da Sexta-Feira Santa pelos judeus, uma das "Grandes Orações" da Sexta-Feira Santa segundo o rito romano. A versão original vem do século VI, e chama os judeus de *perfidis* ("infiéis"), pedindo a Deus que ele tire "o véu de seus corações", lhes ofereça o reconhecimento de Cristo e os tire da "cegueira" e da "escuridão". Na esteira da forma de liturgia introduzida no Concílio Vaticano II, Paulo VI providenciou a mudança da redação. Na missa normal da Sexta-Feira Santa atual, a oração é a seguinte: "Oremos pelos judeus. Que o Deus Nosso Senhor ilumine seus corações para que reconheçam Jesus Cristo, Salvador de todos os homens. Deus onipotente e eterno, vós que quereis que todos os homens se salvem e cheguem ao conhecimento da verdade, concedei que, entrando a plenitude dos povos em Vossa Igreja, todo Israel seja salvo". Quando João Paulo II garantiu aos bispos a permissão de uso do missal segundo o antigo rito de 1962 para determinados grupos, a versão diferente da oração pelos judeus voltou a ser permitida, inclusive as passagens nas quais os judeus estariam em uma "cegueira" e precisavam ser "arrancados de sua escuridão". Bento XVI alterou essa versão em fevereiro de 2008 na seguinte formulação: "Oremos pelos judeus para que Deus, nosso Senhor, ilumine seus corações, para que reconheçam Jesus Cristo, o Salvador de toda a humanidade. Deus eterno e Todo-Poderoso, que desejais que todos os homens sejam salvos e alcancem o reconhecimento da verdade, permiti misericordiosamente que pela entrada da plenitude de todos os povos em Vossa Igreja todo Israel seja salvo. Por Cristo, Nosso Senhor. Amém". Apenas agora, em 2016, soube que aparentemente também no *Antigo Missal* foram postos títulos sobre cada oração, mas que não pertencem ao *Antigo Missal* e por isso deveriam ser excluídos. Neles, o título sobre a oração pelos judeus supostamente é: "*Pro conversione Iudaeorum*". Ele não pertence ao texto do *Antigo Missal*. Se alguém achar que um título é necessário, ele deve ser simplesmente "*Pro Iudaeis*".

da Sexta-Feira Santa, o que realmente não é aceitável. Fico surpreso por não se ter feito nada antes para mudá-la.

Sou da opinião de que isso não deva ser permitido, que também aqueles que usam a antiga liturgia precisam mudar esse ponto. Por isso é preciso chegar a uma forma de oração que se adapte ao estilo espiritual da antiga liturgia, mas ao mesmo tempo esteja em consonância com nossos conhecimentos modernos de judaísmo e cristianismo. Essa oração renovada da Sexta-Feira Santa representa, como todas as orações da Sexta-Feira Santa, um convite, e depois segue-se a oração em si. Peguei o convite à oração literalmente das preces da Liturgia das Horas. A oração propriamente formulei a partir de textos da Sagrada Escritura, e não contém absolutamente nada que justificasse a acusação que na Alemanha é requentada a todo momento.

Hoje ainda me alegro por ter conseguido alterar positivamente esse ponto na antiga liturgia. Se se anulasse a nova formulação da oração, como se continua a pedir, deveríamos rezar com a velha e inaceitável formulação dos *perfidi Iudaei*. Mas algumas pessoas na Alemanha sempre tentaram me destruir. Elas sabiam que seria mais fácil fazê-lo com algo que envolvesse Israel, e então inventaram a mentira, dizendo sabe-se-lá-Deus o que havia na oração. Até então, a antiga oração era rezada, e eu a substituí para esse círculo restrito por uma melhor. Mas não queriam que ninguém entendesse isso.

Também conversamos bastante sobre o escândalo dos abusos em Luz do mundo. *O senhor escreveu há pouco tempo mais uma carta aberta sobre a acusação de que teria encoberto fatos no caso dos abusos. Por que para o senhor foi importante prestar esse novo esclarecimento?*

Porque se trata da verdade e seria fatal se essas calúnias fossem verdade. Quando as questões chegaram até mim, na condição de prefeito da Congregação para a Doutrina da Fé, agi imediatamente. Primeiramente, a Congregação para o Clero alegou jurisdição. Mas, quando percebi que não seriam tomadas as devidas providências firmes, trouxe o caso para a alçada da Congregação para a Doutrina da Fé. Tinha consciência de que era uma tarefa difícil, que enfrentaríamos críticas, mas também que tínhamos pessoas que poderiam lidar melhor com essa situação. O fato de a Congregação para a Doutrina da Fé assumir o caso deveria também ter sido um sinal de que essa tarefa tinha prioridade máxima para a Igreja.

Em seu já mencionado sermão da Via-Sacra no Coliseu, na Sexta-Feira Santa de 2005, o senhor falou de sujeira na Igreja. Na época, o senhor já estava se referindo aos casos de abuso?

Tinha relação. Mas pensei em muitas coisas. Quando se é cardeal da Congregação para a Doutrina da Fé, sabe-se de muitas coisas, pois todos os escândalos chegam até lá. Por isso é necessário ter alma forte para aguentar tudo aquilo. Todos sempre souberam que há sujeira na Igreja, mas o que se precisa digerir na qualidade de líder da Congregação para a Doutrina da Fé vai muito além e, nesse sentido, eu queria simplesmente pedir ao Senhor que Ele nos ajudasse.

Muitos dizem que João Paulo II não abordava o problema com firmeza suficiente.

Depende sempre das informações que se tem. Quando recebeu informações suficientes e viu o que estava acontecendo,

12. ASPECTOS DO PONTIFICADO

teve total convicção de que se devia abordar a questão de forma enérgica. A verdade era que, na base do Direito Canônico existente, grandes penas eram quase impossíveis. Eu disse que precisávamos de reformas na lei. O papa me deu carta branca imediatamente. Criamos novas normas e estruturas jurídicas. Apenas assim pudemos enfrentar a questão.

Seu predecessor convocou a Nova Evangelização, mas isso foi posto em marcha apenas no pontificado do senhor, especialmente por meio da instituição do Pontifício Conselho para a Promoção da Nova Evangelização. No entanto, pode levar séculos até recristianizar o continente europeu, caso isso seja realmente possível. Isso não seria apenas ilusão?

Não se pode simplesmente desistir de anunciar o Evangelho. Nos primórdios também parecia totalmente absurdo que um punhado de judeus ultrapassassem os limites de sua própria terra para difundir o cristianismo naquele mundo grande, erudito e sábio greco-romano. Sempre haverá grandes fracassos também. Não sabemos como a Europa se desenvolverá, em que medida ainda será Europa quando outros estratos da população a reestruturarem. Mas anunciar essa Palavra, que traz em si a força de construir o futuro, de dar sentido à vida do homem, ensiná-lo a viver, isso é absolutamente necessário, independentemente das perspectivas de sucesso. Os apóstolos não podiam fazer nenhuma investigação sociológica para estabelecer o que teria funcionado ou não, mas precisavam confiar na força intrínseca dessa Palavra. No início, poucas pessoas, apenas de camadas mais humildes, os seguiram, mas aos poucos o círculo aumentou.

Claro que a Palavra do Evangelho pode sumir do continente. Já vimos que os continentes cristãos dos primórdios,

Ásia Menor e Norte da África, não são mais cristãos. Também pode sumir em espaços onde era grande. Mas nunca se pode renunciar a difundi-la, ela não pode tornar-se insignificante.

Sobre a reabilitação da missa tridentina: esse esforço causou um tanto de hesitação. Teria sido em razão de resistências dentro da própria Igreja?

Com certeza, pois por um lado havia o medo, digamos assim, da restauração, e havia também pessoas que compreenderam de modo equivocado a reforma. Não seria outro tipo de missa. São duas formas diferentes do único e mesmo rito. Sempre disse e ainda digo que seria importante não proibir de repente o que antes era considerado o que havia de mais sagrado para as pessoas na Igreja. Não pode acontecer uma comunidade proibir aquilo que antes via como central. A identidade interna do outro precisa permanecer visível. Nesse sentido, para mim não se tratava de uma questão estratégica nem de qualquer coisa parecida da minha parte, mas sim de uma reconciliação interna da Igreja consigo mesma.

A reabilitação da antiga missa é interpretada com frequência como uma concessão perante a Fraternidade Sacerdotal São Pio X.

Isso é absolutamente falso! Para mim era importante que a própria Igreja preservasse a continuidade interna com o seu passado. Que aquilo que antes era santo para ela não fosse agora errado. O rito precisa se desenvolver. Por isso foi anunciada uma reforma. Mas a identidade não pode se despedaçar. A Fraternidade Sacerdotal São Pio X baseia-se na sensação de que a Igreja tenha se negado a si própria. Isso não pode acontecer.

12. ASPECTOS DO PONTIFICADO

Porém, como disse, minha visão não era de natureza tática, mas tratava da questão em si. Naturalmente também chegamos ao seguinte ponto: no momento em que se vê surgir um cisma na Igreja, o papa é obrigado a fazer o possível para impedir que isso aconteça. Inclusive também deve tentar, se possível, trazer essas pessoas de volta à unidade da Igreja.

Como prefeito, o senhor reclamou de empobrecimento e de abusos na liturgia. No entanto, a liturgia seria o eixo gravitacional da fé, da qual depende o futuro da Igreja. Se é assim, por que se fez tão pouco nessa área? O senhor tinha todos os poderes para intervir nesse sentido.

No plano institucional e jurídico não se pode fazer muita coisa. Importante é que exista uma visão interna desse fato, que as pessoas aprendam o que é a liturgia a partir de dentro, o que ela realmente significa, vivenciando-a. Exatamente por isso escrevi alguns livros sobre este tema. Infelizmente ainda existem esses posicionamentos estreitos de certos grupos de supostos especialistas, que absolutizam suas próprias teorias e não enxergam o que é essencial. Não é o caso de permitir toda espécie de manipulação pessoal, mas de que a liturgia tem significado em si mesma e se celebra a partir de dentro. Mas isso é algo que não se pode comandar.

As pessoas pensam que um papa tem o poder absoluto, que pode sempre dizer a palavra final.

Não.

Não mesmo?

Não, não mesmo!

No âmbito ecumênico, foram feitas muitas tentativas em seu pontificado, várias permaneceram sem repercussão. O que mais decepcionou o senhor no processo ecumênico?

Neste aspecto era difícil eu me decepcionar, pois simplesmente conheço a realidade e sei o que se pode esperar concretamente e o que não esperar. O relacionamento entre nós e os protestantes e entre nós e os ortodoxos é muito diferente. Também os obstáculos para uma reaproximação são diferentes. No caso dos protestantes, diria que, na verdade, o grande problema é a sua fragmentação interna. Sempre nos dirigimos apenas a uma realidade parcial do protestantismo, que por sua vez está em oposição a outras realidades parciais. Eles próprios estão numa grande crise, como já se sabe. Claro que é possível ficar decepcionado. Mas quem conhece a realidade não deveria esperar que uma reunificação das Igrejas, no sentido literal da palavra, seja realizável. É preciso lutar para que ouçamos uns aos outros e aprendamos uns com os outros cada vez mais. Para que o essencial, a fé em Jesus Cristo, Filho de Deus, não se perca – e a partir daí surgem as indicações fundamentais para as atividades práticas.

No entanto, o senhor falou no início de forma muito esperançosa de sinais concretos e visíveis de uma reconciliação.

Em comparação com o passado, já avançamos. Por outro lado, a Igreja protestante na Alemanha está ela mesma em uma grande crise. Que caminhos vai tomar? É possível se

12. ASPECTOS DO PONTIFICADO

modernizar? Onde se deve conservar? Existem forças opostas. Existem forças que já estão muito próximas de nós, e outras que se afastam cada vez mais.

Na relação com a ortodoxia na Rússia, às vezes parecia possível, ainda em seu pontificado, um encontro entre o papa e o patriarca de Moscou.

Sim. É mesmo. Existe uma certa simpatia pessoal entre nós, como já comentei, e também uma compreensão comum do que representa o essencial do ser cristão, o acordo de que devemos nos manter fiéis aos grandes princípios, inclusive morais, ao casamento, à família e assim por diante. Estamos muito próximos nas grandes questões fundamentais. Especialmente na Rússia ficou claro o que acontece quando se deixa certos valores de lado. Por outro lado, o peso da história e das instituições é tão grande que devemos ter muita cautela em alimentar esperanças concretas. No entanto, é preciso mencionar aqui o desenvolvimento totalmente positivo da relação entre Roma e Bizâncio. Entre a Igreja de Roma e a de Constantinopla uma verdadeira relação fraterna se desenvolveu. O patriarca Bartolomeu I não é apenas um homem de formação extraordinária, mas também um verdadeiro homem de Deus. Fico feliz e grato que tenhamos nos unido por uma amizade pessoal verdadeira. Ele chegou até a me visitar em meu pequeno monastério.

O evento de destaque em seu pontificado é a grande obra sobre Jesus Cristo, lançada em três volumes, que permanecerá como uma das obras fundamentais da fé cristã para muitas gerações de sacerdotes e leigos, pois, pela primeira vez na história, um papa apresenta um estudo dedicado especificamente ao fundador da Igreja. A obra alcançou milhões de leitores em todo o mundo e marca uma virada na consideração e no tratamento dos Evangelhos, sobre cuja autenticidade o senhor não deixa restar dúvida e cujas afirmações o senhor reinterpreta para a modernidade. O projeto já existia antes do seu pontificado. O senhor também não refletiu se seria correto um papa escrever livros?

Sabia apenas que eu devia escrever. Nesse sentido, nunca tive dúvida de que também poderia escrever.

O primeiro volume foi lançado em seu aniversário de 80 anos, em 2007. Como o senhor encontrava tempo para esse trabalho?

É uma pergunta que eu também me faço. Neste caso o bom Deus de alguma forma me auxiliou de um jeito especial. Mas também fico muito feliz que tenha podido realizar esse propósito, pois, se por um lado a liturgia é central como a própria vivência da Igreja e nada mais avança se a liturgia não for mais a mesma, assim se não conhecemos mais Jesus é o fim da Igreja. E o perigo de que Jesus seja destruído por certo tipo de exegese é enorme. Nesse sentido, precisei me permitir entrar um pouco na luta ferrenha dos detalhes. Não basta aqui interpretar espiritualmente o dogma. É preciso entrar nessa batalha sem se perder nos detalhes exegéticos, mas o suficiente para que se perceba que o método histórico-crítico não nos impede de crer.

O senhor teve auxílio na escrita?

Não. Sempre me mantive atualizado [com o mundo da teologia] e acompanhei os debates e descobertas, por isso estava preparado [para escrever].

12. ASPECTOS DO PONTIFICADO

E o senhor conseguia, depois de cumprir as obrigações do seu ministério, sentar-se e simplesmente continuar escrevendo de onde havia parado? Como quando alguém pega de novo as agulhas de tricô e volta a tricotar?

(*Riso.*) Mais ou menos. Se uma questão me encanta profundamente basta, por assim dizer girar a chave e logo me conecto e posso continuar.

Quando alguém se lança em um empreendimento tão grande aos 80 anos e se ocupa de novo de forma tão intensa da temática com a qual lidou a vida toda, que sensação experimenta?

Primeiramente, é preciso ler tudo do início, refletir sobre tudo mais uma vez. Por um lado, sobre os textos do Evangelho; por outro, também em diálogo com as obras exegéticas mais importantes. Com isso se adquirem novos conhecimentos. Também provocou um avanço espiritual ter podido aprofundar este tema, pois apenas quando podemos nos expressar e contamos o que aprendemos é que conhecemos o tema também em nosso íntimo.

E volta a emocionar com muita intensidade?

Claro. É algo que vem até nós de uma forma totalmente nova, porque refletimos bem sobre tudo aquilo de novo. Por exemplo, o discurso escatológico de Jesus, no qual todos pensam que com Jerusalém termine também o mundo. Ou na questão do pecado. São os pontos onde é mais difícil encontrar uma brecha. E ali, onde acreditava já ter as noções fundamentais, me foi dada uma nova compreensão.

Seria possível dizer que esse trabalho foi uma insubstituível fonte de energia para o seu pontificado?

Sim. Para mim foi, por assim dizer, o buscar incessante da água no fundo da fonte.

Há em sua vida aquele segundo no qual nos questionamos se tudo o que acreditamos sobre Deus não seria apenas uma ideia? Quando um dia a pessoa acorda e precisa dizer: sim, nós nos enganamos?

Claro que a pergunta "Isso é mesmo fundamentado?" sempre surge nas pessoas. Mas eu também tive tantas experiências de fé concretas, vivências da presença de Deus, que já estou preparado para superar esses momentos.

E nunca houve a grande dúvida? Por exemplo, em sua juventude, em seu tempo de estudante?

Muito pouco, pois a Igreja ainda era tão viva, tudo estava lá ainda de forma muito simples e direta, verdadeira e reconciliada. Não, apenas depois, quando o mundo se despedaçou, o cristianismo, a própria Igreja parecia ter perdido a própria identidade. Mas sempre me mantive firme na fé, graças a Deus.

Há "apenas" três encíclicas em seu pontificado. Por que o senhor foi tão parcimonioso nesse sentido?

Primeiro porque eu queria terminar o livro sobre Jesus. Naturalmente pode-se dizer que foi a prioridade errada. Mas, de qualquer maneira, é um motivo. E também porque, depois

12. ASPECTOS DO PONTIFICADO

da grande quantidade de encíclicas que João Paulo II nos ofereceu, acreditei que eu poderia diminuir o ritmo.

Há uma encíclica preferida? De qual o senhor gosta mais?

Sim, talvez da primeira, *Deus caritas est*.

13. Viagens e encontros

O senhor teve alguns encontros com contemporâneos proeminentes. O senhor recebeu Václav Havel[1]?

Sim, foi muito bom. Eu já tinha lido algumas coisas dele que realmente eram muito acertadas. Exatamente o que ele diz sobre a relação da política com a verdade. Ele já não estava muito bem de saúde, mas para mim foi simplesmente emocionante falar com um homem como Václav Havel. Também o encontro com Shimon Peres foi importante para mim, uma figura que admiro. Sabemos como seu pai pereceu. E o fato de ele ter permanecido intimamente assim, bondoso e mente aberta, é de uma humanidade e de uma generosidade pura.

---

1. Intelectual e político tcheco. Último presidente da Tchecoslováquia e primeiro presidente da República Tcheca. (N.T.)

13. VIAGENS E ENCONTROS

E como foi com Obama?

Claro que é um grande político, que sabe o que é preciso para ser bem-sucedido. Tem certas ideias que não podemos partilhar. Ele não foi apenas um estrategista comigo, mas também uma pessoa reflexiva, com certeza. Senti que buscava um ponto de encontro e que me escutava. Também houve o encontro com Michelle Bachelet, a presidente do Chile. Ela é ateia, marxista, e nesse sentido não concordamos em muitos pontos. Mas de alguma forma vi nela uma vontade ética fundamental, que se aproxima da cristã. Foi uma boa conversa. Como foi impressionante conhecer essas pessoas não apenas em seu lado político-estratégico, que está muito distante de nós, mas que também tentam enxergar o que é justo.

O senhor gosta de conversar com agnósticos, com ateus confessos, com pessoas da esquerda.

Sim, sim, de alguma forma faz parte... quando falam e refletem com honestidade. Claro que há fanáticos, que são apenas representantes oficiais e despejam seus slogans oficiais. Mas, quando são seres humanos de verdade, é possível ver que estão de alguma forma inquietos em seu íntimo...

O senhor voltou a visitar Jürgen Habermas, com o qual conduziu um debate filosófico que ficou famoso em um evento em Munique?

Nunca mais o vi. Mas ele me mandou um pequeno cartão de uma de suas viagens, e de alguma forma uma pequena ligação permaneceu.

Como foi o encontro com Putin?

Muito interessante. Conversamos em alemão, seu alemão é perfeito. Não nos aprofundamos muito, mas eu acho que ele – um homem de poder, claro – de alguma forma fica tocado pela necessidade da fé. É um realista. Enxerga como a Rússia sofre com a destruição da moral. Também como patriota, como alguém que deseja transformar a Rússia novamente em grande potência, ele enxerga que a destruição do cristianismo ameaça destruir a Rússia. O ser humano precisa de Deus, isso ele vê de forma muito evidente, e por isso ficou com certeza intimamente tocado. Também agora, quando entregou o ícone ao papa [Francisco], fez o sinal da cruz e beijou a imagem...

Com quem o senhor se deu muito bem foi Giorgio Napolitano, na época presidente italiano, um ex-comunista.

Sim, temos uma amizade verdadeira. Era muito amigo de Francesco Cossiga [presidente da Itália de 1985 a 1992] e de Carlo Azeglio Ciampi [presidente da Itália de 1999 a 2006]. Napolitano é um homem a quem importam o direito, a justiça e o bem, e não o sucesso do partido. Nós nos entendemos muito bem. Ele também já me visitou aqui no *monastero*.

Qual foi a viagem mais delicada?

A viagem mais delicada talvez tenha sido à Turquia. Ainda havia toda aquela nuvem do Discurso de Regensburg no ar. Por isso, Erdogan não queria me receber. Aos poucos, contudo, a atmosfera se abrandou, de forma que no fim houve um verdadeiro acordo. Mas foi delicada no início, e agradeço muito ao bom Deus que tenha aberto os corações de ambos os lados.

18 de abril de 2008: o senhor fez o famoso discurso na ONU, *em Nova York. O jornal* New York Post *escreveu o seguinte sobre sua apresentação: "Quem não ficou tocado certamente não está vivo". E o* Times *de Londres escreveu: "Papa Bento* XVI *certamente saiu da sombra de seu predecessor nos Estados Unidos da América e revelando um carisma próprio". Como foi para o senhor?*

No início foi impressionante perceber a grande atenção do público na Assembleia-Geral, que durou o longo discurso inteiro. E me parece que os aplausos contínuos também foram uma expressão de que meu discurso realmente tocou as pessoas. Em seguida, houve uma infinidade de encontros com pessoas das mais diferentes origens, com crianças, com funcionários da ONU, com políticos, pois de organização ela se tornou comunidade de pessoas, não mais meramente anônima e institucional, mas formada por pessoas. Elas também estavam felizes porque o papa estava lá, porque ele foi até a ONU, que falou com elas.

Paris, 12 de setembro de 2008: a aparição na capital francesa foi como um jogo em casa. O senhor parecia muito bem.

Devo dizer que sim. Amo a cultura francesa e, de certa forma, me sinto em casa. Foi realmente bonito estar na grande missa na Esplanade des Invalides, 200 mil pessoas...

O que ninguém considerava possível...

... o encontro na Academia, onde estávamos simplesmente juntos como amigos, aquilo foi muito tocante. Depois, o encontro no Collège des Bernardins, onde também estiveram os ex-presidentes. Giscard me conhecia, chegou a me visitar depois disso uma vez. Preparei meus discursos a partir da tradição teológica francesa, de forma que a proximidade espiritual nascesse de um patrimônio interior comum.

Paris: devem ter aflorado muitas recordações.

Embora eu não tenha estado lá com tanta frequência como se diz. Estive lá pela primeira vez em 1954, no grande Congresso sobre Santo Agostinho na cidade, foi para mim a primeira grande viagem internacional. Marcou o meu ingresso no mundo da ciência internacional e o meu encontro com a espiritualidade francesa, que permanecem como uma recordação ligada àquela cidade.

Chegamos a uma visita difícil, embora fosse sua visita à terra natal: Berlim, setembro de 2010. Acredito que essa viagem tenha representado um desafio especial para o senhor.

Com certeza, exatamente porque de alguma forma Berlim, em muitos sentidos, se distancia da tradição católica e é expressão de um mundo protestante, no qual o católico existe e também é vivido, mas de certa maneira fica à margem. Em suas cartas enviadas ao pároco Weiger, que a senhora Barbara Gerl-Falkowitz organizou em livro, Romano Guardini descreveu de maneira arrebatadora como a força da cultura profana e a pobreza do catolicismo o derrubaram e abalaram em Berlim, inclusive fisicamente. Foi certamente uma primeira impressão que aos poucos foi sendo corrigida. Mas a experiência fundamental poderia ser confirmada ainda hoje. Bem, é claro que não se pode esperar que Berlim seja como Madri. Ou também como Londres ou Edimburgo. Também não são cidades católicas, mas de algum forma a opinião pública é outra...

Essas cidades haviam recebido o papa com entusiasmo por ocasião de sua visita exatamente um ano antes.

Berlim é naturalmente fria neste sentido. Por outro lado, os católicos também mostraram que se alegram e que também existem em Berlim. A missa no Estádio Olímpico [Olympiastadion] foi impressionante...

O senhor estava preparado se acontecesse algo de que não gostasse?

O perigo existia. Sabemos que no caso do papa João Paulo II houve perturbações sérias...

Não falo agora de protestos nas ruas, mas dos representantes da sociedade civil, da política. O presidente Wulff já havia apresentado em seu discurso de boas-vindas exigências quanto a uma mudança nos princípios católicos.

É algo com que devemos contar. Nesse sentido, isso não me surpreendeu nem me abalou. Foi muito tocante como a atmosfera ficou concentrada durante meu discurso no Bundestag [o Parlamento alemão]. A atenção era tanta que dava para ouvir um alfinete caindo e sentir que ela não vinha apenas de uma cortesia, mas havia mesmo uma sensação de que estavam ouvindo profundamente, e para mim foi um momento significativo.

Em seu importante discurso em Freiburg, o senhor exortou a uma desmundanização da Igreja, que seria necessária para que a fé voltasse a desenvolver sua potência – o que não significava um afastamento das pessoas, da caridade cristã ou do engajamento social e político, mas um distanciamento do poder, da riqueza, da falsa aparência, da corrupção e de enganar-se a si mesmo. O discurso foi amplamente mal interpretado, em parte com total consciência, também por pessoas da Igreja. Como isso foi possível?

A palavra "desmundanização" é obviamente desconhecida pelas pessoas, por isso talvez não fosse tão adequada para figurar em primeiro plano. Mas digo que a afirmação em seu conteúdo foi clara o suficiente, e quem quis entender entendeu.

Foi uma afirmação revolucionária.

Foi.

Trata-se de colocar resistência, não se acomodar, não se conformar, mostrar novamente que há uma visão de mundo própria do cristianismo, que ultrapassa uma visão de mundo puramente mundana, materialista, incluindo o mistério da vida eterna. O senhor propunha uma nova veracidade e autenticidade da vida cristã, ou seja, a autêntica, a decisiva reforma da Igreja. O que agora, o papa Francisco proclama e as pessoas entendem muito bem.

13. VIAGENS E ENCONTROS

Exato, é diferente.

Sobre a questão do imposto da Igreja na Alemanha[2]: o senhor teria decidido de forma diferente se dependesse apenas de si?

Na verdade, tenho grandes dúvidas de se o sistema de imposto sobre confissão religiosa, do jeito que se apresenta, é correto. Não quero dizer com isso que o imposto não deveria existir. Mas a excomunhão automática daqueles que não pagam, na minha opinião, não se sustenta.

Muitos meios de comunicação na Alemanha consideram a Igreja Católica como uma inimiga do progresso que deve ser combatida. Talvez não tenha havido nenhum papa da era moderna que tenha sido tão maltratado em sua terra natal como o senhor. Com que intensidade isso o afetou?

Bem, os papas da era moderna foram todos *italiani*, e não devemos esquecer como Pio IX foi mal-entendido quando não aceitou liderar a Itália na guerra contra a Áustria. Ele era considerado inicialmente como o papa moderno, liberal, patriota. Mas, depois que ele se recusou a satisfazer essa expectativa, houve uma rejeição total, que mal se consegue imaginar hoje em dia em sua radicalidade. Porém, exatamente aí estava a grandiosidade dele, pois, se tivesse assumido a liderança como chefe da Itália, o papado teria terminado. Ele vivenciou uma queda vertiginosa na opinião pública que apenas um santo poderia suportar.

Outro exemplo é Bento XV. Para os italianos, na participação da Primeira Guerra Mundial ainda era uma parte do

---

2. Imposto cobrado de pessoas físicas que se declaram membros de alguma Igreja para financiar as atividades dessa mesma Igreja. (N.T.)

Risorgimento, o renascimento da Itália. Trento ainda estava nas mãos da Áustria, deveria ser devolvida à Itália. Por isso, para eles, a Primeira Grande Guerra era uma obrigação patriótica. Bento xv disse que seria um massacre sem sentido, o que causou um enorme ressentimento também por parte dos católicos. Mas no fundo foi heroico dizer: não, não é um ato patriótico, é uma destruição sem sentido.

Em outras palavras: o senhor conseguiu assimilar esses ataques à sua pessoa, não o tendo afetado...

Não, principalmente quando penso nos dois papas do último e do penúltimo séculos, Pio IX e Bento XV. Eles vivenciaram isso de maneira muito mais violenta, para eles foi muito pior do que para mim.

Também o **establishment** *católico na Alemanha não faz absolutamente notar o próprio empenho, por exemplo, pela Nova Evangelização, embora a perda de fé no país tenha alcançado níveis dramáticos.*

Temos na Alemanha um catolicismo estruturado e bem pago, em que muitas vezes os católicos são funcionários que se opõem à Igreja com mentalidade de sindicato. Para eles, a Igreja é apenas o empregador que deve ser criticado. Eles não vêm de uma dinâmica da fé. Acredito que o grande perigo da Igreja na Alemanha seja o fato de ela ter tantos funcionários bem pagos e, por isso, está se transformando em uma burocracia mundana. Os italianos não podem bancar tanta gente bem paga, por isso o trabalho se baseia em grande parte no voluntariado. Assim, grandes encontros católicos anuais em Rimini, por exemplo, são totalmente realizados com base no voluntariado. Tudo o que deve acontecer para que aqueles ginásios sejam preparados e que tudo relacionado à tecnologia funcione é feito por voluntários, sem pagamento. É outra situação.

E cria outra consciência.

Claro. Essa situação me entristece, esse excesso de dependência do dinheiro, que por sinal é sempre insuficiente, o amargor que cresce a partir dele, e sempre está presente nos debates dos círculos intelectuais alemães.

Qual o tamanho da decepção com a visita à Alemanha?

A palavra "decepção" não é exata para exprimir a minha avaliação da visita. Claro que tinha consciência de que as forças do catolicismo oficial não estariam de acordo com aquilo que eu disse, mas, por outro lado, meu discurso levou a uma reflexão, inspirou e encorajou forças silenciosas na Igreja. É muito natural que aquelas reflexões causassem as mais diversas repercussões. O essencial é a reflexão e a disponibilidade para uma renovação autêntica.

Havana, 28 de março de 2012. Antes o senhor esteve no México, então partiu para Cuba. Quais as suas lembranças da chegada a Havana?

Eu sabia naturalmente que tudo estava previsto pelo aparato estatal, a grande artilharia, os tiros de canhão e tudo o mais, mas de alguma forma era possível sentir também um reconhecimento do papado e do papa, da Igreja e do cristianismo por parte do chefe de Estado, o que traz esperança.

Sugeri que a Sexta-Feira Santa também fosse declarada feriado em Cuba. Raul Castro disse: "Isso é atribuição do Conselho Estatal. Posso fazer isso pelo senhor como exceção, depois passará pelo Conselho Estatal e somente então será definitivo". E assim foi. Tive a impressão de que era importante para ele de alguma forma se afastar da teoria marxista engessada sem rupturas, mantendo a autoridade do Estado, mas aumentando a abertura para o cristianismo. E com isso também aumenta a liberdade.

Como o senhor sentiu o encontro com Fidel Castro?

De alguma forma, foi emocionante. Claro, ele era um homem idoso e doente, mas ainda assim muito presente e também com uma certa vitalidade. Não acredito que ele pudesse se libertar totalmente da estrutura de pensamento na qual cresceu. Mas percebia que os acontecimentos da história mundial o obrigavam a reconsiderar algumas questões, sobretudo a questão religiosa. Pediu que lhe enviasse alguns livros.

O senhor mandou?

Mandei para ele *Introdução ao cristianismo* e mais um ou outro. Ele não é o tipo de pessoa de quem se deve esperar uma grande conversão, mas é um homem que vê que as coisas mudaram, e que isso exige uma nova reflexão.[3]

---

3. Fidel Castro faleceu em 25 de novembro de 2016, sete meses depois desta entrevista. (N.T.)

14. Falhas e problemas

Santo Padre, o senhor nomeou um protestante para a presidência da Pontifícia Academia de Ciências. Sob o seu pontificado, pela primeira vez, um muçulmano tornou-se professor na [Pontifícia Universidade] Gregoriana, onde ensina o Corão. Sob sua liderança, surgiu com o Pontifício Conselho da Nova Evangelização a base organizativa para a missão nos tempos modernos. Criou a possibilidade de outras comunidades, como por exemplo os anglicanos, viverem sua tradição dentro da Igreja Católica. Nesta conversa, podemos comentar apenas alguns aspectos das decisões e acontecimentos de seu pontificado. Por isso, eu gostaria principalmente de iluminar aquelas coisas que foram evidenciadas pelos críticos não a favor, mas contra sua condução do mandato. Uma das acusações é que o senhor estava muito pouco aberto a mudanças.

Em primeiro lugar, é preciso dizer que, num pontificado em cujo início o papa tem 78 anos de idade, não se deve almejar grandes mudanças, orientadas a perspectivas de longo prazo, que o próprio papa não conseguirá sustentar. Já falei disso. É preciso fazer o que for possível no momento. E, segundo: o que seriam consideradas grandes mudanças? O importante é preservar a fé em nossos dias. Vejo que essa é a tarefa central. Todo o resto são questões administrativas que, no momento, não precisavam necessariamente ser resolvidas.

O senhor também não via a necessidade de um impulso de modernização da Igreja Católica?

Depende do que se entende por impulso de modernização. A questão não é o quê e quem é moderno. Na realidade, o importante é que nós anunciemos a fé não apenas em formas autênticas e boas, mas também que compreendamos de novo essas formas para o presente e aprendamos novamente a nos expressar – e formemos também um novo estilo de vida para nós. Isso acontece graças à Divina Providência, graças ao Espírito Santo; nos modernos institutos e movimentos religiosos. Nesses movimentos estão algumas formas nas quais a vida da Igreja é apresentada de um modo novo. Quando, por exemplo, comparo nossas irmãs aqui no *monastero*, as *memores*, com as irmãs religiosas do passado, posso reconhecer um grande impulso de modernização. Simplesmente porque lá, onde a fé é ativa e viva, ela não vive na negação, mas sim na alegria, encontra também novas formas.

É isso que me traz alegria, que a fé se reapresente em novos movimentos renovando o rosto da Igreja. Isso se vê também nas Jornadas Mundiais da Juventude. Os participantes não são quaisquer pessoas ultrapassadas, mas jovens que sentem que precisam de outra coisa além dos mesmos discursos de sempre. Que realmente encontram lá uma nova chama. Nessas

14. FALHAS E PROBLEMAS

atividades que João Paulo II iniciou já se forma uma nova geração, a Igreja já assume um rosto novo e jovem.

O senhor afirmou, já no início, que a Igreja deveria se separar de muitos bens para que seu verdadeiro Bem viesse à tona. Esse slogan de seu pontificado não deveria ter sido seguido também de sinais e atos mais claros?

Talvez, mas é muito difícil. Sempre é preciso começar consigo mesmo. O Vaticano tem coisas demais? Não sei. Devemos fazer muitas coisas por países mais pobres que precisam de nossa ajuda. Há a Amazônia[1], a África e assim por diante. O dinheiro precisa estar lá, principalmente para doar, para servir. Mas de alguma forma precisa também entrar para que possamos doá-lo. Então, não sei exatamente do que realmente poderíamos abrir mão. Acho que cada Igreja local deveria se perguntar, começando pela Alemanha.

O que agora acontece no mandato do papa Francisco também é um questionamento das instituições e práticas burocráticas da Igreja que não se adaptam aos tempos atuais?

Desde o início, para mim o IOR [Istituto per le Opere di Religione, o banco do Vaticano] representava uma grande questão, e tentei reformá-lo. Não acontece rapidamente, porque é necessário se familiarizar com as coisas. Foi importante tirar dele os dirigentes que estavam lá até aquele momento. Foi necessário encontrar uma nova direção, e parecia correto por diversos motivos não nomear mais nenhum italiano como

---

1. É muito provável que Joseph Ratzinger estivesse fazendo referência à América do Sul nesta resposta. (N.T.)

chefe. Posso dizer que encontrei uma solução muito boa com o barão [Ernst von] Freyberg.

Foi ideia sua?

Sim. Além disso, houve a legislação que foi feita sob minha responsabilidade para evitar, por exemplo, a lavagem de dinheiro, o que teve um bom reconhecimento internacional. De qualquer maneira, fiz muitas coisas para a reforma do IOR. Também fortaleci as duas comissões internacionais que devem cuidar das auditorias, e elas fizeram avanços notáveis. Em silêncio, trabalhei tanto na legislação como em aspectos concretos. Acho que agora é possível ampliar e continuar o avanço.

Durante seu pontificado vieram à tona coisas que por muito tempo foram ocultadas.

Obviamente queria ter feito mais do que eu pude. Por causa da Nona Estação da Via-Sacra [quando o cardeal Ratzinger falou sobre a sujeira na Igreja], muitos disseram no momento da minha eleição: "Ah, veja, agora ele é o papa, e vai intervir!". Eu também queria, mas é tão difícil encontrar um acesso... Problemas estruturais e pessoais entremeiam-se e com intervenções apressadas é mais provável causar destruição do que sanar o problema. Por isso é preciso avançar devagar e com prudência.

Depois de sua renúncia, veio à tona que o senhor dispensou em todo o mundo centenas de sacerdotes que tinham relação com abusos de menores.

14. FALHAS E PROBLEMAS

Quando esse caso começou, apenas a suspensão era possível segundo o direito penal do *Codex* [*Codex Iuris Canonici*, o Código de Direito Canônico da Igreja Católica]. Porém, isso era totalmente insuficiente segundo o direito norte-americano, porque os acusados nesse caso continuam a ser padres. Então, decidimos com os bispos americanos: apenas se esses padres forem laicizados ficará claro que nós os punimos, que eles foram dispensados de seus serviços sacerdotais.

O senhor ainda está falando do tempo como prefeito.

Sim, sim, claro. Depois disso, trabalhei na reforma do Código de Direito Canônico, que em si era muito fraco, para fortalecer principalmente a proteção às vítimas e, com isso, também poder agir com mais rapidez. Pois os processos se arrastavam indefinidamente, e quando se podia punir, depois de dez anos, já era tarde demais.

A dispensa de aproximadamente 400 sacerdotes...

Isso foi quando papa, mas com base no direito que criamos antes.

Também falamos bastante em Luz do mundo *sobre o caso Williamson[2]. Uma última pergunta sobre o assunto: quando exatamente o senhor foi informado dos problemas?*

---

2 Em janeiro de 2009, Bento XVI revogou por decreto a excomunhão de quatro bispos da Fraternidade São Pio X, sociedade religiosa separada da Igreja por autoridades de Roma, e essa medida desencadeou uma

Somente depois que já havia acontecido. Não entendo, se era tão conhecido, como nenhum de nós percebeu? Para mim é incompreensível, inconcebível.

Seu secretário de Estado, o cardeal Bertone, pediu que o senhor suspendesse o decreto.
Sim, claro.

Não teria sido problema.

---

campanha midiática sem precedentes. Para lembrar a cronologia dos eventos: o Vaticano planejou para o dia 24 de janeiro, ao meio-dia, a publicação da notícia de que o Santo Padre havia decretado a revogação da excomunhão dos bispos da Fraternidade de São Pio X. O motivo para a excomunhão havia prescrito depois que a Fraternidade reconheceu o primado papal por meio de uma declaração escrita, o que não originava uma reabilitação ou uma reintegração à Igreja Católica. Contudo, uma semana antes, em 17 de janeiro, essa notícia foi vazada por um jornalista espanhol. Em 20 de janeiro, a revista *Der Spiegel* noticiou uma entrevista da televisão sueca, na qual um dos quatro bispos da Fraternidade, o inglês Richard Williamson, havia negado o Holocausto. Em 22 de janeiro, essa entrevista foi exibida na televisão sueca. No mesmo dia, o vaticanista Andrea Tornielli levou a notícia sobre a entrevista de Williamson à publicação *Il Giornale*. Também em 22 de janeiro houve uma reunião de cúpula no Vaticano sobre o tema. Os participantes: Bertone, Hoyos, Levada, Hummes, cardeais da Cúria, e dois bispos. A reunião terminou inconclusiva, nada aconteceu. O secretário particular do papa, Georg Gänswein, estava de cama, adoentado, nesse período.

O caso transformou-se em questão política, apesar de todas as declarações do Vaticano de que aqueles que negavam o Holocausto não tinham relação alguma com a Igreja Católica. Bento XVI, que poucas semanas antes havia declarado "profunda solidariedade com o mundo judaico" e enfatizou que era uma necessidade combater todas as formas de antissemitismo, foi tachado ele próprio de antissemita.

14. FALHAS E PROBLEMAS

Claro. Mas não acredito que ele soubesse. Não consigo imaginar uma coisa dessas.

De certa forma, o caso Williamson pode ser considerado uma virada do pontificado. O senhor também vê assim?

Claro que na época houve uma imensa campanha contra mim. As pessoas que estavam contra mim finalmente tinham um motivo para dizer que eu era inapto e estava no lugar errado. Por isso foi um momento terrível e uma época difícil. Mas as pessoas também entenderam que eu simplesmente não havia sido informado.

É verdade que não houve nenhuma consequência pessoal?

Não. Nesse sentido, houve uma, quando reorganizei totalmente a comissão Ecclesia Dei, que era responsável por aquela matéria, pois concluí a partir desse caso que ela não funcionava direito.

O senhor foi complacente demais?

Vejo que a culpa foi apenas daquela comissão. E eu a reformei completamente.

Em seu livro Attacco a Ratzinger *[Ataque a Ratzinger], os autores italianos Andrea Tornielli e Paolo Rodari chegaram à conclusão, já publicada antes do* Vatileaks, *que haveria complôs, campanhas midiáticas e ataques de círculos anticatólicos contra o papa. O senhor sentia uma resistência também dentro da Cúria em determinados projetos?*

Não, isso eu não poderia dizer. De qualquer forma, as pessoas importantes, os prefeitos e presidentes, estavam do meu lado.

Seu cardeal secretário de Estado, Tarcisio Bertone, foi quem mais sofreu sob fogo cruzado. Bertone não veio da diplomacia. Os críticos disseram que, com uma condução mais profissional da Secretaria de Estado, muitas das falhas e negligências não teriam sequer surgido, e que esses problemas acabaram recaindo sobre o senhor. Por que o senhor não fez uma substituição nesse cargo tão importante?

Pois não vi nenhum motivo para fazê-lo. Bertone não era mesmo diplomata, certo, ele era pastor, bispo e teólogo, professor, canonista. Nessa última função também dava aulas de direito internacional e era perito nos aspectos jurídicos do cargo. Desde o início havia muito preconceito contra ele vindo de muitos lados. Claro, eles aproveitavam toda possibilidade de confirmar o preconceito. Concordo que talvez tenha cometido erros, viajado demais etc. Mas quem não comete erros? Para mim ele é e permanece sendo um homem de fé, que tentou servir corretamente à Igreja. Aliás, estão em curso investigações judiciais sobre problemas individuais, cujo resultado precisaremos aguardar.

É verdade que vários cardeais, entre eles o cardeal Schönborn, pediram a substituição de Bertone em uma reunião com o senhor? Dizem que a resposta foi: "Bertone fica – basta".

Não, isso não aconteceu.

14. FALHAS E PROBLEMAS

Como seu patrono de nome pontifício, São Bento, o senhor também foi confrontado por um "corvo", como chamavam seu camareiro, Paolo Gabriele, que roubou documentos confidenciais de pessoas de seu entorno mais próximo. Como essa história atingiu o senhor?

Não tanto a ponto de eu entrar em alguma espécie de desespero ou descrença perante o mundo. Para mim foi simplesmente incompreensível. Mesmo quando eu vejo a pessoa, não consigo entender como ela pôde querer fazer algo assim. O que a pessoa podia esperar disso. Não consigo compreender essa psicologia.

Muitos dizem que algo assim pôde acontecer devido também a sua confiança excessiva.

Bem, não o escolhi. Não o conhecia. Ele entrou pelo sistema, fez todas as provas. E, segundo todas as indicações, parecia ser o homem certo.

Dizem que, de forma geral, conhecer a natureza humana não seria seu ponto forte.

(*Riso.*) Sim, isso tenho de admitir. Por outro lado, sou muito cuidadoso e prudente, pois já vivenciei com frequência os limites da natureza humana em outros e até mesmo em mim.

Como o senhor viu o lado jurídico do caso?

Para mim era importante que justamente no Vaticano fosse garantida a independência da justiça. Que o monarca não dissesse "Agora eu mesmo conduzo o caso do meu jeito", mas que, num Estado de Direito, a Justiça pudesse ter um trajeto próprio. Depois disso, o monarca poderia dar seu perdão, o que é outra coisa.

Em 6 de outubro de 2012, seu ex-camareiro foi condenado a 18 meses de prisão por furto qualificado. Ele foi encarcerado no Vaticano em 25 de outubro. O senhor o visitou em 22 de dezembro, o perdoou e suspendeu o cumprimento do restante da pena. Gabriele foi solto no mesmo dia. O que ele partilhou com o senhor durante sua visita?

Ele estava chocado consigo mesmo. Eu não gostaria de analisar sua personalidade. É uma mistura estranha, o que lhe foi inculcado ou o que ele inculcou em si mesmo. Ele compreendeu que não poderia ter feito aquilo, que simplesmente era o caminho errado.

Houve especulações sobre se um camareiro poderia levar a cabo sozinho uma ação de tal vulto. O que o senhor acha?

Ele certamente fez o repasse dos documentos sozinho. Nenhum outro poderia ter se aproximado tanto.

Mas possivelmente houve pessoas com mentalidade parecida, amigos, que o encorajaram a praticar o ato.

Pode ser, mas eu não sei. De qualquer forma, nada foi encontrado.

14. FALHAS E PROBLEMAS

O senhor estabeleceu uma comissão própria, independente, para esclarecer esse caso. Não ficou chocado de que no Vaticano haja tanta inveja, ciúmes, carreirismo e intrigas?

Ora, isso já se sabe. Preciso dizer expressamente que há de tudo lá, mas isso não representa o Vaticano inteiro. Há muitas pessoas realmente boas, que trabalham com total dedicação, de manhã até a noite. Conheço tantos dos bons que devo dizer, bem, alguém precisa também aguentar esse tipo de coisa. Em um organismo com muitos milhares de pessoas é impossível que haja apenas os bons. É preciso admitir esse lado, com toda a tristeza que acarreta, mas não se pode ignorar o outro. Fico emocionado com tantas pessoas que encontro aqui que querem fazer algo e estão lá realmente de coração para servir a Deus, à Igreja e às pessoas. Quantas pessoas realmente boas, puras eu encontrei aqui! Isso para mim compensa o outro lado, e eu digo: esse é o mundo! Sabemos disso pelo Senhor! Os peixes ruins também vêm na rede.

Para encerrar essa complexidade de temas: seu sucessor falou sobre um **lobby** *gay no Vaticano, um grupo homossexual. Isso seria um problema. O senhor também vê dessa forma?*

Na verdade, apontaram um grupo para mim, que foi desfeito por nós nesse meio-tempo. Isso constava do relatório dessa comissão tripartite [composta por três cardeais], que *um* pequeno grupo podia ser individuado, de quatro, cinco pessoas talvez, e que nós desmantelamos. Não sei se voltou a se formar. De qualquer forma, não significa que esse tipo de coisa fosse proliferar.

O Caso Vatileaks *deixou o senhor cansado do cargo?*

Não, quer dizer, isso sempre pode acontecer. Acima de tudo, como já foi dito, ninguém pode fugir no momento da tempestade, mas é necessário se manter firme.

15. Retrospectiva

Papa Bento, o senhor previu, nos anos 1950, uma enorme perda de fé em grandes partes da Europa, o que lhe trouxe a fama de pessimista. Hoje as pessoas veem como sua visão da "pequena Igreja", que perderia muitos de seus privilégios, que seria combatida e reuniria, no sentido mais estrito, cada vez menos fiéis, se tornou verdade.

Na verdade, sim. Diria que a descristianização continua.

Como o senhor enxerga o futuro do cristianismo?

Que não somos mais congruentes com a cultura moderna, que a forma básica cristã não condiz mais, isso é claro. Hoje vivemos em uma cultura positivista e agnóstica, que se mostra cada vez mais intolerante para com o cristianismo. Por isso, a sociedade ocidental, de qualquer forma na Europa, não será simplesmente uma sociedade cristã. E cada vez mais os fiéis precisarão se esforçar para formar e conduzir a consciência de valores e a consciência de vida. Será importante um testemunho de fé mais decisivo em cada comunidade e nas Igrejas locais. A responsabilidade é maior.

Em retrospecto, o que o senhor veria como sinais distintivos de seu pontificado?

Eu diria que o "Ano da Fé" expressa bem isto: um novo encorajamento para a fé, uma vida a partir do centro, da dinâmica, para redescobrir Deus redescobrindo Cristo, ou seja, reencontrar a centralidade da fé.

Como papa, o senhor se vê como o último pontífice do velho mundo ou como o primeiro de um novo mundo?

Diria que um dos entretempos.

Como uma ponte, uma espécie de elo entre os mundos?

Não pertenço mais ao mundo antigo, mas o novo ainda não está realmente aí.

A eleição do papa Francisco é possivelmente o sinal externo para uma mudança de época? Começa com ele definitivamente um novo período?

As divisões de épocas sempre são reconhecidas *a posteriori*, por exemplo, quando a Idade Média começa ou quando tem início a Idade Moderna. Apenas em retrospecto se vê como os movimentos transcorreram. Por isso, eu não ousaria dizer isso

15. RETROSPECTIVA

agora. Mas é óbvio que a Igreja cada vez mais se retira da estrutura de vida europeia e, assim, assume uma nova constituição e novas formas em sua vida. Vemos principalmente como avança a descristianização da Europa, que aqui o elemento cristão desaparece cada vez mais da vida pública. Assim, a Igreja precisa encontrar uma nova espécie de presença, precisa mudar a maneira de estar presente. Convulsões periódicas estão em curso. Porém, não se sabe ainda em que ponto é possível dizer exatamente quando começa uma, quando termina a outra.

O senhor conhece a Profecia de Malaquias, que na Idade Média elaborou uma lista de papas vindouros e previu o fim dos tempos, ou ao menos o fim da Igreja. Segundo essa lista, o papado terminaria com o seu pontificado. É uma questão para o senhor se isso pode ou não ser realmente verdade, que o senhor poderia ser o último de uma série de papas ao menos como os conhecíamos até então?

Tudo pode ser. Provavelmente essa profecia surgiu nos círculos ao redor de Filipe Néri. E ele queria simplesmente mostrar aos protestantes, que na época falavam que o papado estava no fim, com uma série infinitamente longa de papas, o seguinte: não, não está no fim. Mas daí não se deve concluir que realmente ele acabará. Sua lista nunca será longa o suficiente.

Do que o senhor menos gostava em seu papado?

Diria que das muitas visitas dos políticos. Concretamente, sempre era bom conversar com chefes de Estado ou emissários, pois também tive belas experiências. Em sua maioria, realmente são pessoas de interesse espiritual, mesmo que não sejam cristãs. Mas de alguma forma a parte política foi a mais extenuante.

Existe algum aspecto que deixou o senhor insatisfeito consigo mesmo?

Sim, certamente, por exemplo, que nem sempre tive forças para apresentar as catequeses de forma tão profunda, tão humana quanto era possível.

Digamos que sua retórica era muito discreta. Principalmente porque o senhor, durante as apresentações, quase não fazia contato visual e a voz soava um tanto monótona. Era intencional?

Não, não. Era simplesmente eu, isso também preciso admitir, com frequência sem tanta potência vocal – e nem sempre com o texto intimamente conhecido de forma que pudesse apresentá-lo de um jeito mais livre. Certamente era um ponto fraco. E minha voz é mesmo fraca.

Mas, seu ponto forte é, realmente, conseguir falar de tal forma que seus discursos saem estilisticamente perfeitos, quase prontos para serem impressos num livro.

Mas, quando se precisa falar tanto e com tanta frequência como um papa, a pessoa fica um tanto sobrecarregada.

O papa tem muitas pessoas ao redor dele, encontra pessoas importantes sem parar. Mas não há também aquelas horas solitárias, nas quais é possível ficar terrivelmente sozinho consigo mesmo?

Sim, mas como me sinto tão ligado ao Senhor, nunca fico totalmente sozinho.

Quem tem fé nunca está sozinho?

Isso mesmo. Sei que não faço nada sozinho. Também não poderia fazer sozinho, Ele sempre está lá. Preciso apenas ouvir e me abrir mais para Ele. E também compartilho coisas com os colaboradores mais próximos.

Como acontece esse ouvir e esse se abrir mais para Ele? Se o senhor puder deixar um conselho aqui...

(*Riso.*)

Como se faz isso da melhor forma?

Ora, é só pedir ao Senhor – Senhor, me ajude agora! – e se recolher, permanecer em silêncio. E, então, é possível sempre bater à porta com a oração, é o suficiente.

O que o senhor gostaria mais de ter feito na vida?

Teria preferido trabalhar mais academicamente, claro. "Revelação", "Escritura", "Tradição" e "O que é teologia enquanto ciência" era o círculo de temas que eu queria ter trabalhado melhor cientificamente, o que não pude fazer. Mas, apesar disso, fico satisfeito com as outras coisas que aconteceram. O bom Deus quis diferente. Assim, obviamente para mim, foi o correto.

Depois de tantas décadas, também não se perde um pouco da confiança na própria guilda, na força da teologia e dos teólogos? Quando as pessoas se perguntam "O que realmente alcançamos?"

A teologia acadêmica alemã passa certamente por uma crise e precisa de novas cabeças, precisa de novas energias, precisa de uma nova intensidade da fé. Mas a teologia em si sempre está percorrendo novos caminhos. Sou grato ao bom Deus por aquilo que pude fazer, embora, em suas modestas dimensões, considero isso mais como frutos de ocasião do que como trabalhos pastorais espirituais. O que pude fazer é, como disse, um tanto diferente daquilo que queria fazer – queria ser professor de verdade minha vida toda –, mas, em retrospecto, vejo que foi bom assim.

Certamente o senhor era chamado de professor, como sempre. As pessoas o chamavam de "papa professor" ou de "papa teólogo". O senhor se sentia bem representado assim?

Diria que tentei, acima de tudo, ser um pastor. Claro que fazia parte disso tratar apaixonadamente com a Palavra de Deus, ou seja, aquilo que se espera de um professor. Além disso, tentei ser um *confessor*. As palavras *professor* e *confessor* têm filologicamente quase o mesmo significado, ainda que a tarefa de um pastor esteja mais próxima da de um confessor.

O que o senhor vê como seu ponto fraco?

Talvez a falta de talento para uma condução de governo clara, objetiva e para as decisões que dela advêm. Nesse sentido, sou realmente mais professor, alguém que reflete e se preocupa com as questões intelectuais. O governo prático não é para mim, e então diria que é um certo ponto fraco.

E o que o senhor acha que fez de particularmente bom?

(*Riso.*) Isso eu não sei.

Em sua autobiografia, sempre surge a expressão "novas tribulações". O senhor sente que teve uma vida difícil?

Eu não diria isso. Digo, sempre houve dificuldades e tribulações mas também tantas coisas boas, que eu não diria que foi uma vida difícil, não.

O que se pode aprender em uma idade avançada e, especialmente, na condição de papa?

Ora, sempre se pode aprender. Primeiro é preciso continuar aprendendo o que a fé nos diz nestes tempos. E é preciso aprender a ter mais humildade, simplicidade, disposição para o sofrimento e coragem para resistir. Por outro lado, aprender a continuar com mente aberta e disposição.

O senhor, como papa, foi um reformador, um conservador ou, como seus críticos dizem, um fracasso?

Não consigo me ver como um fracasso. Prestei meus serviços durante oito anos. Foi muito difícil aquela época, se pensarmos, por exemplo, no escândalo da pedofilia, no caso Williamson ou mesmo no *Vatileaks*. Mas, em geral, também foi um tempo no qual muitas pessoas reencontraram a fé e em que houve um grande movimento positivo.

Reformador ou conservador?

É possível fazer as duas coisas. É necessário renovar, por isso tentei avançar a partir de uma interpretação moderna da fé. Ao mesmo tempo, é preciso ter continuidade, não demolir a fé, não deixar que se fragmente.

O senhor gostou de ser papa?

(*Riso*.) Ora, eu diria que sabia que estava sendo apoiado, nesse sentido sou grato por muitas experiências ótimas. Mas claro que também era um fardo.

Para chegarmos à sua atual situação como **Papa Emeritus**, *que é uma novidade na história da Igreja: poderíamos dizer que Joseph Ratzinger, papa Bento, o homem da razão, o pensador ousado, termina sua missão como monge, como homem de oração, quando a razão apenas não é suficiente?*

Sim, é isso mesmo.

A questão que de tempos em tempos nos preocupa: onde realmente está esse Deus de Quem falamos, de Quem esperamos ajuda? Como e onde podemos localizá-Lo? Atualmente, vemos sempre o universo lá fora, com bilhões de planetas, os inúmeros sistemas solares, mas, até onde pudemos buscar até agora, nenhum lugar se parece com o que conseguíamos imaginar do Céu, no qual supostamente Deus está em seu trono.

(*Riso*.) Sim, pois não existe um lugar onde Ele está sentado em Seu trono. O próprio Deus é o lugar sobre todos os lugares. Quando o senhor olha para o mundo, não vê o céu, mas vê em todos os lugares as marcas de Deus. Na constituição da matéria, em toda a racionalidade da realidade. E também onde o senhor vê seres humanos encontrará as marcas de Deus. O senhor vê o vício, mas também vê a bondade, o amor. São esses os lugares, *aí* é onde Deus está.

É preciso se libertar totalmente desses conceitos de espacialidade, que não funcionam mais, porque o universo não é infinito no sentido estrito da palavra, mas grande o bastante para que nós, seres humanos, possamos descrevê-lo como infinito. E Deus não pode estar em nenhum lugar dentro ou fora, pois Sua presença é totalmente diferente.

É realmente importante que renovemos muito nosso pensamento, nos livremos dessa coisa de espacialidade e reaprendamos a ver essas questões com um novo olhar. Então, da mesma forma que também há entre as pessoas a presença emocional – duas pessoas podem se tocar em continentes diferentes, pois essa é uma dimensão diferente da espacial –, então Deus não está em "algum lugar", mas Ele é a realidade. A realidade que abarca toda a realidade. E para essa realidade não preciso de nenhum "onde". Pois "onde" já é uma limitação, não é mais o infinito, o Criador, que é tudo, que se estende por todos os tempos e não é Ele mesmo o tempo, mas o cria e sempre está presente.

Acredito que seja possível mudar muito. Como até mesmo mudou toda a nossa imagem do ser humano. Não temos mais 6 mil anos de história [como consta na cronologia bíblica como imagem], mas sei lá quantos mais, muitos mais. Deixemos esses números hipotéticos em aberto. De qualquer forma, com o conhecimento, a estrutura do tempo, da história, se apresentou de uma forma diferente. Principalmente nesse aspecto a teologia precisa realizar um trabalho mais profundo e apresentar às pessoas novas possibilidades conceituais, pois a tradução de teologia e fé na linguagem de hoje tem um déficit imenso; é preciso criar esquemas conceituais, ajudar o homem a compreender hoje que Deus não deve ser procurado em "um lugar". Há muita coisa a fazer.

Então, Deus é, de alguma forma, um espírito, uma energia? No entanto, a fé cristã fala de um Deus pessoal.

Exato. Justamente o fato de Ele ser *pessoa* significa que não é circunscrito em "algum lugar". Para nós, seres humanos, a *pessoa* também é aquilo que transcende o mero espaço e me abre acesso ao infinito. Significa que posso estar em outro lugar e aqui ao mesmo tempo. Que eu não estou apenas onde meu corpo está no momento, mas que vivo uma amplidão. E exatamente por isso, porque Ele é pessoa, não posso fixá-Lo em uma localidade física – pois a pessoa é o mais abrangente, que é diverso, é maior.

O senhor não tem uma imagem representativa de Deus?

Não.

Como os judeus?

Sim. Bem, claro que, na medida em que Deus está em Jesus Cristo, está em um ser humano.

15. RETROSPECTIVA

"Quem me vê vê o Pai?"[1]

Sim. Então aqui é realmente possível retratá-Lo.

O senhor está, como já afirmou, na última fase da vida. É possível se preparar para a morte?

É até mesmo necessário, penso eu. Não no sentido de que agora a pessoa precisa realizar determinados atos, mas viver a partir de então o seu íntimo para que passe na última prova diante de Deus. Para que a pessoa saia deste mundo e fique diante Dele e dos santos, e dos amigos e daqueles que não foram amigos. Para que, digamos, aceite a finitude desta vida e se aproxime intimamente para se apresentar diante de Deus.

Como o senhor faz isso?

Simplesmente em minha meditação. Sempre penso que o fim vai chegar. Tento me preparar para ele e, principalmente, para me manter presente. O importante não é o que imagino do fim, mas que eu viva na consciência de que a vida toda tende para um encontro.

O que vai constar em sua lápide?

(*Sorrisinho.*) Diria que nada! Apenas o nome.

Seu lema como bispo me veio à mente: "Cooperador da verdade". Como o senhor chegou a ele?

---

1. Evangelho segundo São João 14, 8-9.

Foi assim: por muito tempo eu havia deixado de lado a questão da *Verdade*, pois ela me parecia muito grande. A afirmação "Temos a verdade!" é algo que ninguém diz realmente com confiança, de forma que nós, na teologia, também omitimos por muito tempo o conceito de verdade. Nesses anos de luta, os anos 1970, uma coisa ficou clara para mim: se nós omitimos a verdade, para que fazemos o resto, então? Então, a verdade precisava voltar a ocupar o centro.

Claro, não podemos dizer: "Eu tenho a verdade", mas a verdade nos tem, ela nos toca. E tentamos nos deixar conduzir por esse toque. Veio à minha mente essa expressão da Terceira Epístola de São João, de que somos "cooperadores da verdade". É possível cooperar com a verdade, pois ela é pessoa. É possível deixar a verdade entrar, tentar dar legitimidade à verdade. Isso me parece ser, em última instância, a definição real da tarefa de um teólogo, pois ele, que foi tocado por essa verdade, sobre quem ela pôs os olhos, está preparado para que ela o leve ao serviço de cooperar com ela e por ela.

"Cooperador da verdade" – seria realmente ótimo para sua lápide.

Sim, seria. Eu diria que, se este já é meu lema, podem também colocá-lo na minha lápide.

A última pergunta destas últimas conversas: o amor é um de seus temas centrais como aluno, como professor, como papa. Onde estava o amor em sua vida? Onde o senhor sentiu amor, experimentou o amor, vivenciou-o com sensações profundas? Ou foi antes uma questão teórica, filosófica?

15. RETROSPECTIVA

Não. Não, não. Quando não se sente o amor, também não se pode falar dele. Eu o senti primeiramente em casa, com meu pai, minha mãe, meus irmãos. E, claro, não vou entrar agora em detalhes particulares, mas de qualquer forma fui tocado por ele, em diversas dimensões e formas. Reconheci cada vez mais como fundamental ser amado e corresponder ao amor do outro, para que se possa viver, para que se possa dizer sim a si mesmo, para que se possa dizer sim ao outro. No fim das contas, ficou cada vez mais claro para mim que o próprio Deus não é apenas, digamos, um soberano onipotente e nem um poder distante, mas que Ele é amor e me ama – e por isso a vida deve ser guiada por Ele. Por essa força que se chama Amor.

***

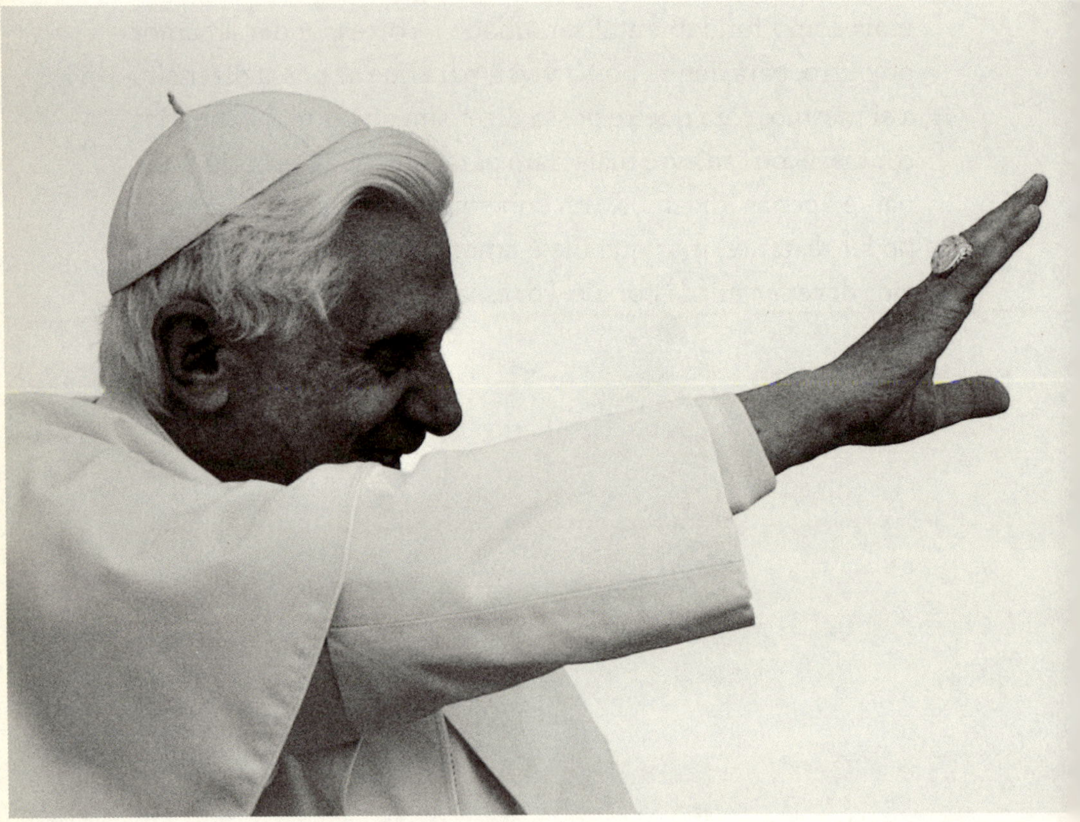

Dados biográficos

1927

Nasce Josef Aloisius Ratzinger, em *16 de abril*, Sábado Santo, às 4h15, em Marktl am Inn/Alta Baviera, distrito de Altötting, Diocese de Passau, batizado às 8h30 do mesmo dia. Seus pais são o policial Josef Ratzinger (* 6 de março de 1877, † 25 de agosto de 1959) e a filha de padeiro Maria Ratzinger, nome de solteira Paintner (* 8 de janeiro de 1884, † 16 de dezembro de 1963). É o terceiro filho da família, depois de Maria Theogona (* 7 de dezembro de 1921, † 2 de novembro de 1991) e Georg (* 15 de janeiro de 1924).

1929-1942

11 de julho de 1929: mudança da família para Tittmoning; *5 de dezembro de 1932:* mudança da família para Aschau am Inn; *abril de 1937:* aposentadoria do pai; ao mesmo tempo, mudança para casa própria em Hufschlag, um antigo sítio em Traunstein (construído em 1726); *1937:* entrada no *Gymnasium* de Traunstein; *16 de abril de 1939:* entrada no seminário diocesano de São Miguel, em Traunstein.

1943-1945

Agosto de 1943 a setembro de 1944: ajudante da companhia antiaérea em Unterföhring, em Ludwigsfeld, nas proximidades de Munique, e em Gilching, próximo do lago Ammersee; *outono de 1944:* serviço obrigatório ao Reich em Burgenland, Áustria. *13 de dezembro de 1944:* convocação para a *"I. Schützen-Ausbildungskompanie des Grenadier- Ersatz- und Ausbildungs-Bataillons 179"* [Companhia de Formação e Defesa do Batalhão de Formação e Substituição de Infantaria 179]; *maio de 1945:* deserção da *Wehrmacht; maio a 19 de julho de 1945:* prisão norte-americana em um campo de concentração próximo a Neu-Ulm.

1946-1959

3 janeiro de 1946 até o verão de 1947: cursa Filosofia na Faculdade Filosófico-Teológica de Freising. Em seguida, cursa Teologia na Universidade de Munique. *Fim do outono de 1950 até junho de 1951:* internato na catedral de Freising para preparação da ordenação sacerdotal. *29 de junho de 1951:* ordenação sacerdotal na catedral de Freising. *A partir de 1º de julho:* padre auxiliar em Munique-Moosach (paróquia de São Martinho). *A partir de 1º de agosto:* capelão em Munique-Bogenhausen (paróquia da Caríntia); *1º de outubro de 1952 até 1954:* docente no seminário de padres de Freising. *1953:* titulação como "Dr. theol." (doutor em Teologia) na Universidade de Munique (tema: "Povo e a Casa de Deus na Doutrina da Igreja de Santo Agostinho"). *A partir do semestre de inverno de 1953-54:* representação da cátedra de Dogmática e Teologia Fundamental na Faculdade Filosófico-Teológica de Freising. *1957:* qualificação como professor associado na Universidade de Munique na disciplina Teologia Fundamental (tema: "A teologia histórica de São Boaventura"); uma primeira tentativa de qualificação fracassa, por resistência do dogmático Michael Schmaus. *1º de janeiro de 1958:* nomeação para professor extraordinário de Dogmática e Teologia Fundamental na Faculdade Filosófico-Teológica de Freising.

1959-1963

Ordinarius [catedrático] para Teologia Fundamental na Universidade de Bonn. Em agosto de 1959, falecimento do pai em Traunstein.

1962-1965

Conselheiro do cardeal Joseph Frings, de Colônia, e teólogo oficial do Concílio (*Peritus*) do Concílio Vaticano II. Membro da Comissão da Fé dos Bispos Alemães e da Comissão Teológica Internacional, em Roma.

1963-1966

Ordinarius para Dogmática e História dos Dogmas na Universidade Wilhelms de Münster-Vestfália. Em dezembro de 1963, falecimento da mãe.

1966-1969

Ordinarius para Dogmática e História dos Dogmas na Faculdade Católico-Teológica da Universidade de Tübingen. Em 1968, é lançada a obra *Introdução ao cristianismo*.

1969-1977

Ordinarius para Dogmática e História dos Dogmas e vice-presidente da Universidade de Regensburg.

1977-1981

25 de março: nomeação para arcebispo de Munique e Freising pelo papa Paulo VI. *28 de maio:* ordenação para bispo em Munique. *29 de junho de 1977:* nomeação para cardeal. *25 de novembro de 1981:* nomeação pelo papa João Paulo II para prefeito da Congregação para a Doutrina da Fé, presidente da Pontifícia Comissão Bíblica e da Comissão Teológica Internacional.

1982-2005

28 de fevereiro: despedida como arcebispo de Munique e Freising. *1994:* membro da Congregação para a Causa dos Santos. *1986 (até 1992):* líder da Pontifícia Comissão para Constituição do "Catecismo da Igreja Católica". *1991:* em setembro, Ratzinger sofre um derrame e precisa ficar por várias semanas no hospital. Em 2 de novembro, morte da irmã Maria, que serviu ao seu irmão por 34 anos em casa e no escritório. *1992:* ingresso na Académie des Sciences Morales et Politiques de l'Institut de France. *1992:* promoção a cardeal-arcebispo da diocese suburbicária Velletri-Segni. *1998:* vice-decano do Colégio de Cardeais. *2002:* eleição para decano do Colégio de Cardeais. *2 de abril de 2005:* falecimento de João Paulo II. *8 de abril de 2005:* Ratzinger conduz as solenidades funerárias do papa falecido na qualidade de cardeal decano.

2005-2013

19 de abril de 2005: eleição de Joseph Ratzinger, depois de um conclave de 26 horas, na quarta votação, a 265º papa da Igreja católica. Ele escolhe o nome Bento XVI e é o primeiro alemão a se tornar papa desde Adriano VI, 482 anos antes. Como primeiro papa do novo período, ele renuncia à tiara no brasão, sinal de poder mundial, que ele substitui por uma mitra, a simples cobertura de cabeça dos bispos. *Agosto de 2005:* presença à Jornada Mundial da Juventude, em Colônia, com 1 milhão de participantes; *outubro de 2005:* Sínodo Mundial de Bispos, em Roma. *2006:* publicação da encíclica *Deus caritas est* (Deus é amor). Abolição do título "Patriarca do Ocidente"; início de uma reforma na Cúria com a instauração de diversos conselhos papais. Peregrinação pela Polônia, com visita ao campo de concentração de Auschwitz. Viagem para o Encontro Mundial das Famílias, na Espanha. Visita à terra natal, a Baviera. Encontro em Istambul com Bartolomeu I, líder-representante da Igreja Ortodoxa.

2006-2013: aos 2.872 dias de seu pontificado, Bento XVI redige 17 decretos de moto-próprio, 116 constituições apostólicas e 144 exortações apostólicas. Além disso, 278 cartas públicas e 242 mensagens aos representantes da Igreja e governos. Entre suas obras estão as encíclicas *Deus caritas est*, *Spe salvi* e *Caritas in veritate*. Sua quarta encíclica, *Lumen fidei*, foi publicada pelo seu sucessor. A trilogia de Jesus do papa foi publicada em vinte idiomas, com milhões de cópias vendidas, e chega a fiéis em 72 países.

Bento XVI conduziu 352 cerimônias litúrgicas e 340 audiências (sem contar as viagens ao exterior e as audiências privadas); também declarou 62 beatas e 28 santas. Além das 27 orações públicas especiais e dos 352 sermões, o Santo Padre rezou 452 vezes o Angelus/Regina Coeli com seus fiéis. Em seu mandato, fez um total de 1.491 discursos. Fez 24 viagens para fora da Itália (em 22 países) e trinta viagens dentro da Itália. Suas aparições em Roma e Castel Gandolfo foram acompanhadas por 18 milhões de pessoas.

11 de fevereiro de 2013: sendo o primeiro papa em mil anos e primeiro pontífice realmente empossado a fazê-lo, Bento XVI declara, após oito anos de mandato, sua renúncia, que entra em vigor em 28 de fevereiro de 2013.

Este livro foi composto em Chaparral Pro e Bliss Pro e impresso
pela RR Donnelley para a Editora Planeta do Brasil
em fevereiro de 2017.